KB181659

개발자의 글쓰기

변수 네이밍부터
릴리스 노트,
장애 보고서,
기술 블로그까지,
프로그래머의 글쓰기
고민 끝!

개발자의 글쓰기

변수 네이밍부터
릴리스 노트, 장애 보고서, 기술 블로그까지,
프로그래머의 글쓰기 고민 끝!

지은이 김철수

펴낸이 박찬규 | 엮은이 이대엽 | 디자인 북누리 | 표지디자인 아로와 & 아로와나

펴낸곳 위키북스 | 전화 031-955-3658, 3659 | 팩스 031-955-3660
주소 경기도 파주시 교하읍 문발리 파주출판도시 535-7 세종출판벤처타운 #311

가격 18,000 | 페이지 276 | 책규격 152 x 210mm

1쇄 발행 2019년 10월 04일
2쇄 발행 2019년 12월 24일
3쇄 발행 2020년 07월 29일
4쇄 발행 2021년 07월 07일
5쇄 발행 2022년 06월 10일
6쇄 발행 2023년 07월 20일
ISBN 979-11-5839-174-4 (13000)

등록번호 제406-2006-000036호 | 등록일자 2006년 05월 19일
홈페이지 wikibook.co.kr | 전자우편 wikibook@wikibook.co.kr

이 도서의 국립중앙도서관 출판시도서목록 CIP는
e-CIP 홈페이지 http://www.nl.go.kr/cip.php에서 이용하실 수 있습니다.
CIP제어번호 CIP2019038233

개발자의 글쓰기

변수 네이밍부터
릴리스 노트,
장애 보고서,
기술 블로그까지,
프로그래머의 글쓰기
고민 끝!

김철수 지음

위키북스

글을 써야 하는 개발자에게 선택은 두 가지다.

이 책을 읽고 글쓰기 실력을 키우거나,
이 책을 토대로 글 쓰는 인공지능을 만들거나.

2019년 9월,
아내 덕에 탈고했다.

김철수는 한양대 국문과를 졸업하고 개발자, 기획자, 컨설턴트, 강사 등으로 불리며 벤처에서 대기업까지 다양한 회사와 직종에서 20년을 일했다.

코오롱 그룹 IT계열사 코오롱베니트㈜에서 공공 SI 프로젝트 PM도 하고 에너지 관리 솔루션도 개발하고 코오롱그룹의 "Industry 4.0 동향보고서" 편집장도 했다. 그 전에는 벤처기업 ㈜프리챌에서 아이템사업부장으로 일했고, 텍스트 분석 솔루션을 개발하는 스타트업 등에서 서비스를 기획하고 개발했다. 그때 첫 책으로 웹2.0과 서비스 기획을 다룬 『싸이월드는 과연 다음을 넘어섰을까?』를 출간했다.

지금은 모바일 퀴즈 애플리케이션과 콘텐츠 큐레이션 서비스를 개발해 운영하면서 AI 기반 실내 환기 알고리즘을 연구하고 있다. 개발 중에 틈틈이 글을 써서 인공지능 시대에 생각의 생산성을 높이는 방법을 다룬 『생각경영법』과 『팀장을 위한 보고서 검토 기술』 같은 책도 썼다. 비즈니스 글쓰기, 테크니컬 라이팅, 디지털 역량, 신사업 기획을 주제로 강의와 컨설팅을 하고 서울창의혁신투어 프로그램도 만들어 진행한다.

이메일: vitaminq42@gmail.com

사회 경력
2014~현재 (사)한국환경기술인협회 기술부회장
2015~현재 (재)기후변화센터 기후에너지산업지원단장
2016~현재 스타트업조직문화포럼, 비영리툴포럼 운영
2016 NCS 집필진(기후변화 적응 분야)

주요 프로젝트
코오롱그룹 Industry 4.0 동향보고서 편집장
코오롱그룹 프로세스혁신 프로젝트 컨설턴트
환경부 · 산업부 · 대기업 기후변화 대응 및 에너지 절감 연구 PM
지속가능발전기업협의회 차기 정부 정책 제안 연구 PM 외 다수.

학력
1993~2000 한양대학교 국어국문학과 졸업(학사)

직장 경력
2016~현재 콘텐츠 큐레이션 스타트업 비타민큐 대표
2014~2015 코오롱베니트㈜ 기획마케팅유닛장
2010~2014 코오롱베니트㈜ 기후변화컨설팅 담당 차장
2008~2010 코오롱베니트㈜ 신사업기획 담당 과장
2007~2008 콘텐츠 큐레이션 기업 ㈜컨텐츠플래닛 기획팀장
2004~2005 인터넷 포털 사이트 ㈜프리챌 아이템사업부장
2003~2004 인공지능 대화 서비스 ㈜얄리 기획팀장
2000~2003 김철수연구소장 겸 팬스쿨 대표

이 책은 필자가 현업에서 직접 겪은 수많은 경험과 인문학적 지식이 더해져 구성 됐다. 개발자가 글을 쓸 때 필요한 기술과 업무 맥락에 현업의 생생함이 더해져 더욱 의미가 크다. 글쓰기를 고민하는 수많은 개발자뿐만 아니라 IT 기업의 관리자와 교육담당자도 꼭 읽어보기를 권한다. 개발자들이 무엇을 어려워하는지, 어떤 교육을 요구하는지 알 수 있다.

– KMA 한국능률협회 마케팅본부장 **공회상**

개발자가 글을 잘 써야 하는 것은 누구를 위한 것일까? 같이 일하는 동료 개발자? 기획자? 사용자? 아니다. 무엇보다 본인을 위해 글을 잘 써야 한다. 개발자는 글로 소통을 잘해야 삽질(?)을 덜 하는 법이다. 세련된 글솜씨로 탁월하게 소통하는 개발자로 거듭나고 싶을 때 이 책이 도움이 될 것이다.

– (주)다우기술 인사팀 차장 **박남혜**

몇 권 사서 주변 개발자들에게 선물하고 싶은 책이다. 코드를 예로 들어 설명하여 흥미롭고 내용이 구구절절하지 않아 좋다. 습관적인 글쓰기를 통해 실력 있는 개발자로 거듭나고 싶은 분들께 추천한다.

– 책 쓰는 프로그래머 협회 회장 **유동환**

IT 업계에서 개발자, 기획자, 디자이너, 사업가의 경계가 점차 허물어지고 있다. 업계는 코딩만 잘하는 개발자보다 이해관계자와 소통하고 고객을 설득하는 개발자를 인재로 생각한다. 개발자들도 글쓰기를 제대로 배우고자 열망한다. 하지만 그간 개발자에게 적합한 글쓰기 지침서가 없었다. 마침 이 책이 나온다고 하니 환영한다. 개발자들이 이 책을 읽고 현업에서 꼭 활용하기를 바란다.

– (주)쏘카 인재문화본부장(CPO: Chief People Officer) **임근중**

[프롤로그]
—
**개발자의
글쓰기는
달라야 한다**

개발자는 글을 못 쓴다?   19

개발자 글쓰기의 특징: 정확성, 간결성, 가독성   20

개발자의 글쓰기   23

[1장]
—
**개발자가
알아야 할
글쓰기 기본**

01 _ 문장과 단락을 구조화하는 법   26

     문장을 구조화하는 법   26

     서술식, 개조식, 도식의 차이   28

     개조식 서술 방식과 글머리 기호   30

     단락을 구조화하는 위계   32

02 _ 쉽게 쓰는 띄어쓰기와 문장 부호   35

     가장 쉬운 띄어쓰기 원칙   35

     오해하기 쉬운 문장 부호(큰따옴표, 작은따옴표)   38

03 _ 영어 단어 선택과 외래어 표기법   40

     비슷한 듯 다른 듯, 단어 선택   40

     외산 제품 표기와 외래어 표기법   43

목·차

[2장]

—

**개발 시간을
줄여주는
이름 짓기와
주석 쓰기**

01 _ **네이밍 컨벤션, 이유를 알고 쓰자**   47

개발자의 가장 큰 고민은 이름 짓기   47

이름 짓기는 창조가 아니라 조합   48

코드의 네이밍 컨벤션은 영어 표기법을 상속받았다   50

파스칼 표기법으로 클래스 이름 짓기   51

카멜 표기법으로 함수 · 변수의 이름 짓기   52

상수는 모두 대문자로 쓴다   53

패키지와 모듈은 모두 소문자로 쓴다   54

BEM 표기법   54

가독성과 소통이 먼저다   55

02 _ **변수 이름을 잘 짓는 법**   56

i는 변수 이름이지만 d는 아니다   56

긴 이름? 짧은 이름? 검색 잘 되는 이름!   57

복수형을 나타내는 s를 붙일까 말까?   58

약어를 쓰는 것이 좋을까? 안 쓰는 것이 좋을까?   59

중요한 단어를 앞에 쓴다   60

함수 이름 짓는 순서   61

03 _ **좋은 이름의 기준, SMART**   64

한 번에 좋은 이름을 지을 수는 없다   64

좋은 이름이 가진 5가지 특징   65

easy to Search: 검색하기 쉽게 이름 짓는 법   66

easy to Mix: 조합하기 쉽게 이름 짓는 법   68

easy to Agree: 수긍하기 쉽게 이름 짓는 법   70

easy to Remember: 기억하기 쉽게 이름 짓는 법   72

easy to Type: 입력하기 쉽게 이름 짓는 법   74

04_ 좋은 코드에는 주석이 없다?   76

이름을 잘 지으면 주석을 줄일 수 있다   76

처음부터 주석 없이 코딩하는 연습을 하자   77

주석이 필요한 때도 많다   80

05_ 다른 개발자를 배려하는 주석 쓰기   83

코드는 의미를, 주석은 의도를   83

주석의 반복   85

주석의 발췌와 요약   87

주석도 코드다   90

[3장]
—
**사용자와
소통하는
에러 메시지 쓰기**

01 _ 에러 메시지를 쓰기 전에 에러부터 없애자 93

친절한 404, 불친절한 404 93

404 에러가 죄송할 일인가? 95

깨진 링크는 개발자의 책임이다 98

개발자용 에러 메시지와 사용자용 에러 메시지를 분리하자 99

02 _ 사용자 에러 메시지를 제대로 쓰는 법 101

사용자 에러에 대처하는 메시지 101

에러 메시지를 보여주는 순서 103

오락가락 메시지와 버튼 메시지 105

03 _ 사용자의 에러를 줄이는 메시지 구조화 107

버튼의 순서 107

사용자의 반복 에러를 막는 법 110

04 _ 에러 메시지 대신 예방 메시지를 쓰자 113

서비스를 이해하면 에러를 예방할 수 있다 113

사용자를 이해하면 에러를 예방할 수 있다. 115

닭이 먼저? 알이 먼저? 117

[4장]
—
독자 관점에서
릴리스 문서와
장애 보고서 쓰기

01 _ 체인지 로그를 분류, 요약, 종합하는 법 120

체인지 로그의 양과 만족도의 관계 120

1단계: 선정하기 122

2단계: 분류하기 124

3단계: 요약하기 126

4단계: 종합하기 127

02 _ 고객에게 유용한 정보를 쓰자 132

개발자 관점과 고객 관점 132

과거를 리뷰하고 미래를 보여주자 136

Semantic Versioning(유의적 버전) 137

03 _ 릴리스 문서는 문제 해결 보고서처럼 쓰자 139

문제와 문제점을 구별하자 139

문제, 문제점, 해결책, 후속 계획 순으로 적자 141

법적인 문제를 고려해서 쓰자 142

04 _ 비즈니스를 이해하는 장애 보고서 쓰기 147

장애 보고서의 특징 147

질문에 대답하는 신속한 글쓰기 149

원인과 이유를 찾는 분석적 글쓰기 153

상사를 고려하는 비즈니스 관점의 글쓰기 156

원하는 것을 얻는 정치적 글쓰기 159

[5장]
—

설명, 묘사,
논증, 서사로
개발 가이드
쓰기

01_ 서비스 개념을 범주, 용도, 특징으로 설명하자　164

범주, 용도, 특징　164

범주를 정확하고 적절하게 선택하자　165

용도를 범주의 핵심 기능으로 기술하자　169

특징을 장점과 강점에서 뽑아 쓰자　171

02_ 정확히 이해하도록 그림과 글로 묘사하자　174

글에 묘사를 더하면 이해가 빠르다　174

글과 그림의 내용을 일치시키자　177

객관적 묘사와 주관적 묘사 둘 다 하자　181

03_ 논증으로 유용한 정보를 제공하자　184

의견을 쓰려면 근거를 대자　184

거칠게도 공손하게도 쓰지 말자　186

주장과 이유의 거리를 좁혀서 쓰자　188

문제와 답의 거리를 좁혀서 쓰자　190

04_ 서사를 활용해 목차를 만들자　193

개발과 서사　193

독자의 수준 대신 기술의 범용성을 기준으로 쓰자　195

순서에서 단계를, 단계에서 목차를 만들자　199

[6장]

—

**수주를 돕는
SI 제안서
쓰기**

01 _ 개발자가 알아야 할 제안서 작성 원칙　　205

개발자와 제안 PM의 차이　　205

시스템 구성도의 본질은 그림이 아니다　　206

첫째, 제안요청서 분석　　208

둘째, 논리적 완결성　　209

02 _ 고객의 문제 인식과 제안사의 문제 해결 능력　　211

문제 인식과 문제 해결 능력　　211

① 경쟁사와 비교하여 제안하라　　213

② 일단 동감하고 다른 방안을 제시하라　　215

③ 고객이 문제를 중대하게 인식하게 만들어라　　217

④ 경쟁사의 전략을 확인해서 대처하라　　218

03 _ 고객의 요구사항은 변할 수밖에 없다　　220

개발은 고객 요구 실현　　220

요구사항을 분석하지 말고 제시하라　　220

변화하는 요구사항에 대비하라　　222

04 _ 고객의 총 만족도를 높이자　　226

요구라고 다 같은 요구가 아니다　　226

카노 모델로 본 요구의 세 가지 종류　　227

목 · 차

[7장]
—
**기술 블로그
쉽게 쓰고
운영하기**

01 _ 기술 블로그를 쉽게 쓰는 방법 3가지   231

개발자가 기술 블로그를 잘 못 쓰는 이유   231

첫째, 주제 의식을 버리고 소재 의식으로 쓰자   233

둘째, 독자 수준이 아니라 자기 수준으로 쓰자   235

셋째, 재미있게 글을 쓰자   239

02 _ 글의 종류별로 목차 잡는 법 I – 저술   242

기술 블로그의 4종류, 저, 술, 편, 집   242

저著: 개발기는 목차를 잘 잡아서 본문부터 쓰자   243

술術: 원전을 비교하고 실험해 풀이해서 쓰자   247

03 _ 글의 종류별로 목차 잡는 법 II – 편집   254

편編: 순서를 요약하여 쓰자   254

집輯: 글쓰기가 두렵다면 자료를 모아 핵심을 엮어서 쓰자   258

04 _ 기업의 기술 블로그 운영 팁   262

기술 블로그는 회사의 가치를 높인다   262

기술 블로그도 투자를 해야 살아난다   263

개발자의 글쓰기는 회사의 문화를 반영한다   264

협업해서 글쓰기, 짝 글쓰기를 해보자   268

[에필로그]

—

**회사가
개발자 글쓰기
교육을 하자**

개발자의 글쓰기 교육 체계   272

기본 과정(2일 16시간)   273

전문 과정 A. 수주를 돕는 SI 제안서 작성(1일 8시간)   274

전문 과정 B. 기술 블로그 작성(1일 8시간)   275

관리자 과정(1회 4시간 3주 코스)   276

[프롤로그]

개발자의
글쓰기는
달라야 한다

개발자는 글을 못 쓴다?

필자는 글쓰기 강의를 할 때 금도끼 은도끼 이야기를 요약하는 실습을 한다. 학습자는 보통 다음과 같이 요약하곤 한다.

옛날에 착한 나무꾼이 나무를 하다가 도끼를 연못에 빠뜨렸다. 그때 산신령이 나타나 금도끼가 네 도끼냐 물었다. 나무꾼은 아니라고 대답했다. 산신령은 은도끼가 네 도끼냐 물었다. 나무꾼은 아니라고 대답했다. 산신령이 쇠도끼가 네 도끼냐 물었다. 나무꾼은 그렇다고 대답했다. 산신령은 나무꾼의 정직함과 효성에 탄복하여 나무꾼에게 세 도끼를 모두 상으로 주었다. 가난한 나무꾼은 부자가 되어 행복하게 살았다.

글을 정말 잘 쓰는 학습자는 군더더기를 다 없애고 핵심만 남겨 간결하게 쓴다. 예를 들면 다음과 같다.

- 나무꾼, 연못에 도끼 유실
- 산신령, 금 · 은 · 쇠도끼 제시
- 나무꾼, 쇠도끼만 인정
- 산신령, 금 · 은도끼 포상

국내 굴지의 IT 기업에서 강의할 때다. 학습자 중에서 개발과 DB 설계만 30년을 했다는 한 DBA가 갑자기 이렇게 말했다.

"강사님, 그렇게 요약하시면 안 됩니다. 나무꾼과 산신령이 각각 두 번씩 반복되고, 도끼는 네 번이나 반복됩니다."

그러더니 다음과 같이 적어서 보여줬다.

- W, 연못에 x 유실

- G, 금 · 은 · 쇠x 제시

- W, 쇠x만 인정

- G, 금 · 은x 포상

흔히 개발자는 글을 잘 못 쓴다고 생각한다. 하지만 이런 생각을 하는 사람들은 보통 기획자거나 관리자다. 그들이 주로 보는 기획서나 전략보고서 같은 글을 개발자에게 요구하면 당연히 개발자는 잘 못 쓸 수밖에 없다. 개발자는 프로그램 안에서 글을 쓰거나 개발 완료 후 결과서나 산출물을 주로 쓴다. 이런 글을 쓰는 방식은 기획서나 전략보고서에서 글을 쓰는 방식과 다르다. 기획자나 관리자의 글쓰기에 논리력, 설득력, 실행력이 중요하다면, 개발자의 글쓰기에는 정확성, 간결성, 가독성이 중요하다.

개발자 글쓰기의 특징: 정확성, 간결성, 가독성

개발자가 쓰는 글은 주로 클래스나 함수의 이름, 주석, 에러 메시지, 릴리스 문서, 개발 가이드 등이다. SM 일을 한다면 장애 보고서를 쓰기도 하고 SI 일을 한다면 제안서를 쓰고 프로젝트 완료 후 ERD나 기능 명세서 같은 각종 개발 산출물을 쓴다. 요즘은 개발자 중에 블로거가 많아서 개발과 관련한 게시물도 쓴다. 이런 개발자의 글과 문서는 정확하고 간결하며 가독성이 높아야 한다.

정확성은 틀림이 없이 확실한 것을 말한다. 글로 쓰인 대로만 개발하면 버그 없이 실행돼야 한다.

간결성은 글에 군더더기가 없고 간단하고 깔끔한 것을 말한다. 구구절절 설명하는 것이 아니라 핵심만 써야 한다.

가독성은 쉽게 읽히는 것을 말한다. 쉬운 용어를 사용하고 필요하다면 표나 그림으로 잘 정리해야 한다. 문단과 문서 전체에 체계와 위계가 갖추어져야 한다.

문제는 이 세 가지 원칙이 서로 대치한다는 데 있다. 정확성을 높이면 간결성과 가독성이 낮아진다. 간결성을 높이면 정확성과 가독성이 낮아진다. 가독성을 높이면 간결성과 정확성이 낮아진다. 이 세 가지 원칙이 어떻게 대치하는지를 코드를 예로 들어 알아보자. 다음은 신청자의 나이로 성인인지 아닌지를 분류하는 코드의 일부다.

```
function get(m){
    var result;
    if (m.year < 20){
        result = 0;
    }else{
        result = 1;
    }
}
```

신청자의 나이가 20살 미만이면 0, 그 이상이면 1로 분류하는 아주 간결한 코드다. 하지만 이 코드는 정확하지 않다. 우리나라 민법의 성년 기준은 20세가 아니라 만 19세다. 민법 제4조에는 "사람은 19세로 성년에 이르게 된다."라고 쓰여 있다. 그리고 만 19세라는 말은 그해 생일이 돼야 비로소 성년이 된다는 뜻이다. 그러므로 위 코드는 다음과 같이 바꿔야 한다.

```
function get(m){
    var result;
    var todayMonthAndDay = ... (생략)
    if (m.year > 19){
        result = 1;
```

```
    }else if(m.year == 19){
        if (m.monthAndDay >= todayMonthAndDay){
            result = 1;
        }else{
            result = 0;
        }
    }else{
        result = 0;
    }
}
```

이 경우에서 보듯이 코드를 지나치게 간결하게 쓰면 정확성이 낮아진다. 게다가 result의 값으로 0, 1과 같이 숫자를 사용했을 때 실수로 값이 뒤바뀌거나 해서 버그가 생길 가능성이 커진다. 가독성이 낮아지는 것은 두말할 나위 없다. 그렇다면 다음과 같이 코드를 바꿨다고 하자.

```
const LEGAL_ADULT = 1
const LEGAL_NOT_ADULT = 0

function checkLegalAdult(m){
    var legalAdult;
    if (m.ageOfMajority > 19){
        result = LEGAL_ADULT;
    }else if(m.ageOfMajority == 19){
        if (m.monthAndDay >= todayMonthAndDay){
            result = LEGAL_ADULT;
        }else{
            result = LEGAL_NOT_ADULT;
        }
    }else{
        result = LEGAL_NOT_ADULT;
    }
}
```

이제 정확성과 가독성은 높아졌다. 하지만 처음 코드와 비교하면 간결하지는 않다. 초보 개발자라면 매우 복잡한 느낌이 들 것이다.

개발자의 글쓰기

그러면 개발자는 정확하고 간결하고 가독성이 높은 글을 쓸 수 없는 것일까? 그렇지 않다. 수준의 차이는 있지만 조금만 공부하고 연습하면 개발자 누구나 정확하고 간결하고 가독성이 높은 글을 쓸 수 있다.

그런데 지난 수십 년 동안 개발 방법과 개발 도구는 엄청나게 발전했지만, 개발자의 글쓰기 실력은 그다지 나아진 것 같지 않다. 구글이나 네이버 같은 대기업은 테크니컬 라이터가 따로 있어서 개발 가이드 같은 문서를 잘 쓰고 관리도 잘한다. 하지만 보통 개발자는 글 한 줄 쓰기가 참 어렵다. 개발 가이드라도 만들어야 한다면 여간 괴로운 일이 아니다.

개발자가 글을 쓰기 어려워하는 이유는 많겠지만, 개인적으로는 그동안 개발자를 위한 글쓰기 교육이 없었고 개발자를 위한 글쓰기 책도 없었기 때문이라고 본다.

큰 IT 기업에 개발자로 입사해도 일반적인 비즈니스 보고서 작성법만 배운다. 개발자가 현업에서 필요로 하는 글쓰기 방법은 배울 수 없다. 개발자를 위한 책도 코딩 기술을 다룬 책이 주를 이룬다. 정작 개발자에게 필요한 변수 이름, 네이밍 컨벤션, 주석, 에러 메시지, 릴리스 노트, 장애 보고서, 개발 가이드, SI 제안서, 기술 블로그 같은 것을 쓰는 법은 어디서도 배울 수가 없다. 그런 주제를 다룬 책도 찾을 수가 없다.

요즘은 개발자가 다른 개발자나 사용자, 잠재 고객과 소통하는 일이 잦아졌다. 깃허브GitHub 등을 통해 개발자가 만든 코드를 공개하고, 개발자 사이트를 통해 외부 개발자와 협력하는 일도 늘었다. 그러다 보니 개발하는 것만큼 글 쓸 일이 많아졌다.

이 책은 이러한 개발자의 글쓰기 능력을 종합적으로 향상하기 위한 책이다. 코드 안에서는 함수와 변수 이름을 짓는 것부터 주석 쓰는 법, 에러 메시지 쓰는 법까지 알려준다. 코드 밖에서는 릴리스 노트, 장애 보고서, 개발 가이드를 어떻게 하면 잘 쓸 수 있는지를 알려준다. 외주 개발을 하는 개발자를 위해 SI 제안서의 기술 부문을 설득력 있게 쓰는 법도 놓치지 않았다. 블로그를 운영하려는 개발자나 IT기업을 위해 기술 블로그를 쓰는 법과 운영하는 팁도 담았다.

코딩과 마찬가지로 글쓰기도 과학이고 기술이다. 누구나 체계적으로 배우기만 하면 글을 잘 쓸 수 있다. 이 책이 그 배움의 과정에 도움이 되기를 바란다.

01
문장과 단락을 구조화하는 법

문장을 구조화하는 법

문장을 만드는 방법은 여러 가지다. '나는 김철수다'와 같이 '주어+서술어'가 가장 기본이지만 '김철수가 사랑하는 사람은 이소연이 아니다'처럼 '주어+보어+서술어'로 확장되기도 한다. 그런데 이 문장은 '이소연은 김철수가 사랑하는 사람이 아니다'처럼 주어절과 보어를 교체할 수도 있다.

문장을 만드는 방법이 이렇게 다양하므로 문장을 어떻게 만드느냐에 따라 글을 쓰는 속도가 달라진다. 예를 들어 다음 문장을 보자.

색상 RGB 값을 각각 사용하기 때문에 입력 데이터는 3차원 벡터다.

이 문장을 쓰려면 머릿속에서 '색상 RGB 값을 사용한다'와 '입력 데이터는 3차원 벡터다'를 떠올린 다음 두 문장의 관계를 연결(~때문에)하는 것까지 생각해야 한다. 이렇게까지 생각해서 이 문장을 만들려면 시간과 수고가 많이 든다.

이 문장의 주어는 '입력 데이터'다. 따라서 주어를 문장의 처음으로 뺄 수 있다.

입력 데이터는 색상 RGB 값을 각각 사용하기 때문에 3차원 벡터다.

이 문장은 인과관계가 있는 복문이므로 두 문장으로 나눌 수 있다.

입력 데이터는 색상 RGB 값을 각각 사용한다. 그래서 입력 데이터는 3차원 벡터다.

이 문장을 쓰려면 머릿속에서 본인이 잘 아는 내용, 즉 '입력 데이터는 3차원 벡터다'를 떠올리면 된다. 그리고 바로 쓴다. 그러면 다음과 같은 문장이 만들어진다.

입력 데이터는 3차원 벡터다.

이제 입력 데이터가 3차원 벡터인 이유를 어떻게 설명할 것인지 결정하면 된다. 색상은 보통 RGB의 세 값을 사용하므로 그래픽 프로그램을 조금이라도 이해하는 사람이라면 당연히 3차원 벡터를 이해할 것이다. 이런 사람들이 읽는 글이라면 "입력 데이터는 3차원 벡터다"라고만 써도 충분하다. 굳이 추가 설명을 덧붙일 필요가 없다. 하지만 그래픽 프로그램에 익숙하지 않은 사람을 위해 '색상 RGB 값을 각각 사용하기 때문이다'라고 부가 설명을 추가할 수도 있다.

【입력 데이터】
입력 데이터는 3차원 벡터다. 색상 RGB 값을 각각 사용하기 때문이다.

문장을 쉽게 쓰려면 이처럼 간단한 문장 구조로 핵심만 말한 뒤, 필요에 따라 부가 설명을 하면 된다. 이때 첫 문장의 주어를 가져다가 소제목으로 만들면 자연스럽게 문단을 구성할 수 있다.

서술식, 개조식, 도식의 차이

개발자의 생각을 글로 표현하는 데는 크게 세 가지 방법이 있다.

첫째는 서술식이다. 서술식은 바로 앞의 문장처럼 '~다'로 끝나는 완전한 문장으로 구성된 글을 말한다. 무엇을 설명하거나 논증할 때 주로 사용하는 방식이다. 소설이나 신문 기사처럼 개발 가이드 문서는 대부분 서술식으로 쓴다.

둘째는 개조식이다. 개조식은 신문의 헤드라인을 쓰거나 어떤 사항을 나열할 때 사용한다. 행사의 개요를 적을 때 일자, 장소, 참가자 등을 종결 어미(예: ~다) 대신 명사(예: 완료, 증대 등)나 용언의 명사형(예: ~했음)으로 끝내는 것을 개조식이라 한다. 주로 릴리스 문서나 장애 보고서를 쓸 때 개조식으로 쓴다.

셋째는 도식이다. 도식은 사물의 구조나 관계, 상태를 그림이나 서식으로 보여주는 것이다. 이때 가장 간단한 형태의 도식은 행과 열로 이뤄진 표[table]다. 행렬에 글만 있으면 표라고 하고, 막대 같은 그림이 있으면 도표[graph/chart]라고 한다. 여기서 도식은 주로 표를 의미한다.

예를 들어 다음과 같은 서술식 설명이 있다고 하자.

"OO 메신저에는 4가지 푸시 알림이 있습니다. 공지 알림은 서비스 변경이나 장애, 이벤트 등 메신저 운영사가 직접 보냅니다. 오전 9시부터 오후 6시 사이에만 발송합니다. 메시지 알림은 등록된 친구가 메시지를 보냈을 때 자동으로 시스템이 전송합니다. 친구 등록 알림은 새로운 친구가 등록되었을 때 알려줍니다. 친구 해제 알림은 친구가 탈퇴했을 때 알려줍니다."

이렇게 여러 사항이 유사한 패턴으로 반복될 때는 다음과 같이 개조식으로 쓰는 것이 보기도 좋고 이해하기도 쉽다.

- **공지 알림**: 서비스 변경이나 장애, 이벤트
  ※ 메신저 운영사가 오전 9시부터 오후 6시 사이에 직접 발송
- **메시지 알림**: 등록된 친구가 메시지를 보냈을 때 시스템이 자동으로 전송
- **친구 등록 알림**: 새로운 친구가 등록되었을 때
- **친구 해제 알림**: 친구가 탈퇴했을 때

그런데 개조식 표현에는 중복과 누락이 있음을 알 수 있다. 메시지 알림, 친구 등록 알림, 친구 해제 알림은 모두 시스템이 자동으로 전송한다(중복). 하지만 친구 등록 알림과 친구 해제 알림을 누가 전송하는지 알 수 없다(누락). 이때 해당 내용을 표로 쓰면 중복과 누락을 막으면서 각 항목의 차이를 더 분명하게 드러낼 수 있다.

알림 종류	상황	발송 방식	발송 시간
공지	서비스 변경, 장애, 이벤트	수동(운영사)	9~18시
메시지	등록된 친구 메시지 발송	자동(시스템)	제한 없음
친구 등록	새로운 친구 등록		
친구 해제	친구 탈퇴		

중요한 것은 내용과 형식이 일치해야 한다는 것이다. 줄거리가 있는 설명이나 이야기라면 서술식으로 써야 한다. 여러 가지 종류의 항목과 내용이 반복되거나 서술식에서 강조가 필요한 내용이라면 개조식으로 써야 한다. 각 항목이나 사항의 관계를 명확히 규정하고 싶다면 도식으로 써야 한다.

개조식 서술 방식과 글머리 기호

글을 개조식으로 쓸 때는 글머리 기호를 꼭 써야 한다. 글머리 기호는 네모, 동그라미, 점, 막대를 비롯해 숫자, 화살표 등 다양하다. 이런 기호는 모두 쓰임새가 달라서 적절하게 사용해야 한다. 쓰임새를 무시하고 아무렇게나 사용하면 말머리 기호의 체계와 의미가 무너져서 독자가 이해하기 어렵다.

말머리 기호의 쓰임새는 글의 진술 방식으로 나뉜다. 글의 진술 방식은 설명, 묘사, 논증, 서사의 네 가지가 있다. 진술 방식마다 사용되는 말머리 기호는 다음과 같다.

- **설명**: 내용을 구체적으로 설명하거나 나열할 때 ■, ▢, ○, •, −, *, ※, √ 등을 사용한다. 하위 요소로 갈수록 부가 설명이 되면서 중요도가 낮아지므로 크기가 작아지고 들여쓰기를 해야 한다.

- **묘사**: 내용을 그림으로 나타낼 때 그림 안에 어떤 요소나 영역을 표시하기 위해서는 ⓐ, ⓑ, ⓒ, ①, ②, ③ 등의 원형문자를 사용한다.

- **논증**: 내용이 논리관계(귀납, 연역, 인과, 유추, 비교, 단계 등)로 구성될 때는 ∴, ∵, →, ⇒, ☞, 〉, 〈 = 등을 사용한다.

- **서사**: 순서나 단계를 나타낼 때는 1, 2, 3, 가, 나, 다 등 숫자나 문자를 사용한다.

예문을 보면서 말머리 기호의 쓰임새를 자세히 알아보자.

- ○ 회원가입에 실패했다면 "유저를 찾을 수 없습니다"라는 팝업이 노출됩니다.
    - ▢ 이때는 회원가입 로그를 통해 원인을 찾을 수 있습니다.
    - ▢ 첫 번째 단계에서 토큰이 정상적으로 수신됐는지 확인합니다.
        - • 정상 수신
            - ▢ "application: didRegisterForRemoteNotificationsWithDeviceToken:"이라는 로그가 남게 됩니다.

- 실패일 경우
    - "application: didFaileToRegisterForRemoteNotificationsWithError:"라는 로그가 남게 됩니다.
        - 해당 앱이 토큰 등록이 되었는지 기술 PM에게 문의해 주세요.
            - 해당 앱이 임의 유저의 가입을 허용하고 있는지 확인해 주세요.
            - 관리자 시스템의 가입 관리 화면에서 임의 유저 가입 허용을 on으로 바꿔주세요.

위 예문의 처음 두 문장은 문제를 서술한 것이므로 말머리 기호를 쓸 필요가 없다. 세 번째 문장부터는 원인을 찾는 순서를 서술한 것이므로 말머리 기호를 번호로 붙이고 들여쓰기 위계를 맞춰야 한다. 다음과 같이 고쳐보자.

유저를 찾을 수 없어 회원가입에 실패하면, 다음과 같은 순서로 로그를 분석해 원인을 찾을 수 있습니다.

1. 토큰의 수신 여부를 로그로 확인합니다.
    - 정상 수신: "application: didRegisterForRemoteNotificationsWithDeviceToken:"
    - 비정상 수신: "application: didFaileToRegisterForRemoteNotificationsWithError:"
2. 해당 앱이 토큰 등록이 되었는지 확인합니다.
    ☞ 기술 PM에게 문의
3. 해당 앱이 임의 유저의 가입을 허용하는지 확인합니다.
    ☞ 관리자 시스템 > 가입 관리 화면: 임의 유저 가입 허용 → on

단락을 구조화하는 위계

비즈니스 문서에는 문단과 문단 사이에 위계가 있어야 한다. 비즈니스 문서에 위계가 없으면 비즈니스 문서가 아니라 소설이 된다. 이때 위계는 위치와 계층을 합한 말이다.

위치는 2차원 평면의 좌표를 의미한다. 전 직원이 사진을 찍는다고 하면 보통 사장이 한가운데에 위치한다. 회의실에 앉을 때도 출입구에서 먼 곳에서부터 높은 직급이 앉곤 한다. 문서도 마찬가지여서 급이 높은 문장과 급이 낮은 문장은 항상 위치가 구별된다. 문서에서는 다음과 같이 급이 낮은 문장을 더 들여쓰기함으로써 위치를 맞춘다.

OOO 서비스 업그레이드 결과

☐ 이번 대규모 업그레이드 특징은 3가지입니다.

    O 완전히 새로운 기능이 추가되었습니다.

    O 버그 없는 안정성을 확보했습니다.

    O 인공지능으로 콜센터를 대체했습니다.

☐ 업그레이드 과정은 3단계로...

    O 1단계는...

그런데 개발자는 코딩할 때 들여쓰기로 탭^{tab} 대신 띄어쓰기(스페이스)를 주로 사용한다. 이런 습관 때문에 문서를 작성할 때도 띄어쓰기로 일일이 들여쓰기 줄을 맞춘다. 그래서 중간에 들여쓰기가 안 맞는(줄이 안 맞는) 경우가 생긴다.

문서를 능숙하게 쓰는 사람들은 들여쓰기할 때 문서 작성 툴이 제공하는 서식을 활용해 탭이나 스타일로 조정한다. 이렇게 하면 급이 같은 문단의 첫머리 줄이 어긋나는 경우가 없다. 코딩할 때 스페이스 키를 사용해 띄어쓰기를 하는 것이 습관이 됐더라도 문서를 작성할 때는 꼭 탭이나 스타일을 사용하자.

계층은 3차원 입체의 높이를 뜻한다. 무대는 객석보다 항상 높다. 높은 곳의
의자는 낮은 곳의 의자보다 크고 고급스럽다. 문서에서 계층은 굵기, 모양, 밑
줄, 줄 간 거리 등으로 표현된다. 위 예문에 계층을 반영하면 다음과 같다.

OOO 서비스 업그레이드 결과

□ **이번 대규모 업그레이드 특징은 3가지입니다.**

   O 완전히 새로운 기능이 추가되었습니다.

   O 버그 없는 안정성을 확보했습니다.

   O 인공지능으로 콜센터를 대체했습니다.

□ **업그레이드 과정은 3단계로...**

   O 1단계는...

개발자가 사용하는 개발 툴은 다음 예문과 같이 위치는 맞출 수 있지만 계층
을 맞출 수는 없다.

```
var a;
var b;
if(a>b){
    return a;
}else{
    return b;
}
```

그래서인지 개발자가 일반 문서를 쓸 때는 위치는 과도하게 맞추지만 계층은
거의 표현하지 않는 경향이 있다. 그래서 개발자가 쓴 문서를 기획자나 관리
자가 보면 마치 메모장으로 문서를 작성한 느낌이 든다.

컴퓨터는 개발자의 코드를 처음부터 순서대로 읽으면서 순식간에 체계를 잡아낸다. 하지만 사람은 계층이 표현되지 않은 문서를 보면서 체계를 잡아내기가 무척 어렵다. 계층이 없는 문서를 읽고 이해하는 데 시간이 더 걸리고 오해도 자주 생긴다. 그래서 비즈니스 문서에는 반드시 계층을 표현한다. 계층을 표현하면 문서의 체계를 먼저 이해할 수 있으므로 읽는 시간이 덜 걸린다.

비즈니스 문서에서 위치와 계층은 항상 붙어 다닌다. 위치만 있어서도 안 되고 계층만 있어서도 안 된다. 글을 쓸 때는 항상 위계가 잘 드러나게 글을 쓰고 표현해야 한다.

02
쉽게 쓰는 띄어쓰기와 문장 부호

가장 쉬운 띄어쓰기 원칙

개발자가 한글 문서를 쓸 때 가장 어려워하는 것 중 하나가 띄어쓰기다. 영어는 독립적인 낱말이 모여 문장을 이루기 때문에 모든 낱말을 기본으로 띄어 쓴다. 심지어 고유명사도 띄어쓰기한다. 미국의 대도시 뉴욕시는 영어로 New York City다. 단어를 모두 다 띄어 쓴다. 하지만 한글로는 뉴욕시로 붙여 쓴다.

주로 영어로 코딩하는 개발자는 사실상 띄어쓰기를 거의 고민하지 않는다. 무조건 띄어쓰기만 하면 대부분 정확히 쓴 것이다. 하지만 띄어쓰기가 복잡한 우리말로 글을 쓰고 문서를 작성할 때는 띄어쓰기 때문에 괴로울 때가 많다.

여기서는 크게 문제가 되지 않을 정도의 띄어 쓰는 방법을 알려주고자 한다. 매우 간단해서 다음 한 문장만 기억하면 된다.

"조사, 순서, 숫자, 하다, 기호만 붙이고 나머지는 띄어 쓴다."

예를 들어 다음과 같은 문장이 있다고 하자.

- 장애 가 발생 한 지 3 시간 이 지나 버려서 일 단계 대책 이 무의미 하다(v.1.1.0).

이 문장에서 조사는 모두 앞 낱말에 붙인다.

- 장애가 발생 한 지 3 시간이 지나 버려서 일 단계 대책이 무의미 하다(v.1.1.0).

코딩에서는 조사와 비슷한 것이 쉼표다. 쉼표는 앞 낱말에 붙여야 한다.

【안 좋은 예】

```
var obj = {
    arg1: 1
    , arg2: 2
    , arg3: 3
};
```

【좋은 예】

```
var obj = {
    arg1: 1,
    arg2: 2,
    arg3: 3
};
```

일, 이, 삼과 같은 한글 숫자가 순서나 단계를 나타낼 때는 뒤 낱말과 붙인다.

- 장애가 발생 한 지 3 시간이 지나 버려서 일단계 대책이 무의미 하다(v.1.1.0).

숫자는 모두 뒤 낱말과 붙인다.

- 장애가 발생 한 지 3시간이 지나 버려서 일단계 대책이 무의미 하다(v.1.1.0).

'~하다'는 모두 앞 낱말과 붙인다.

- 장애가 발생한 지 3시간이 지나 버려서 일단계 대책이 무의미하다(v.1.1.0).

마지막으로 기호를 모두 앞 낱말과 붙인다.

- 장애가 발생한 지 3시간이 지나 버려서 일단계 대책이 무의미하다(v.1.1.0).

함수를 선언할 때 함수 이름 끝에 괄호를 쓰고 그 안에 인수를 쓰는데, 이때도 붙여 쓴다.

【안 좋은 예】

```
wordSpacing( arg1, arg2 )
```

【좋은 예】

```
wordSpacing(arg1, arg2)
```

띄어쓰기에 관해서는 이 정도만 기억하자. 비즈니스 세계에서 띄어쓰기는 그리 중요하지 않다. 불과 70년 전까지만 해도 한글에는 띄어쓰기가 없었다. 우리는 띄어쓰기 없이도 충분히 생각을 전달하고 의미를 이해할 수 있다.

다만, 책을 출간하거나 많은 사람 앞에서 발표하는 슬라이드를 만들 때는 기본적인 글쓰기 규정을 지켜야 한다. 그때는 띄어쓰기를 한번 검토해 봄 직하다. 하지만 국어 전문가가 아닌 개발자가 굳이 맞춤법 규정을 찾을 필요는 없다. 문서 작성 툴이 기본으로 제공하는 맞춤법 교정 기능만 사용해도 충분하다. 네이버 블로그나 브런치 등 전문 글쓰기 플랫폼은 글을 쓸 때 맞춤법 교정 기능을 제공한다. 깃허브 같은 외국 사이트나 마크다운 플랫폼이라면 스스로 검토해야 한다. 이때는 네이버 블로그나 브런치에 글을 먼저 비공개로 올리면서 맞춤법을 교정한 뒤 복사해서 붙여넣는 방법을 추천한다.

오해하기 쉬운 문장 부호(큰따옴표, 작은따옴표)

개발 언어마다 문장 부호의 용도와 의미가 조금씩 다르다. 그래서 개발자 사이에서 문장 부호의 쓰임새를 두고 격론이 벌어질 때도 있다.

그중에서 따옴표를 보자. 큰따옴표^{double quotes}와 작은따옴표^{single quotes}를 구분하는 기준은 언어마다 다르다. C에서 작은따옴표는 단일 문자^{single character}에 사용하고, 큰따옴표는 문자열^{string literal}에 사용한다.

【잘못된 예】

```
char str[] = 'HELLO WORLD';
str[0] = "A";
```

【좋은 예】

```
char str[] = "HELLO WORLD";
str[0] = 'A';
```

SQL은 쿼리문 안에서 모두 작은따옴표를 사용한다. 그 이유는 쿼리문을 다른 언어에서 큰따옴표로 인용하는 경우에 큰따옴표가 중복되는 것을 막기 위해서다.

자바스크립트도 주로 작은따옴표를 사용한다. 그 이유는 HTML이 주로 큰따옴표를 사용하기 때문에 HTML 안에 들어가는 자바스크립트는 작은따옴표를 사용함으로써 충돌을 막기 위해서다. 하지만 실제로는 따옴표를 처리하기 편하도록 큰따옴표와 작은따옴표를 번갈아 사용하기도 한다.

한글에도 따옴표 규정이 있다. 큰따옴표는 글에서 직접 대화를 표시하거나 말이나 글을 인용할 때 사용한다. 작은따옴표는 인용한 말 안에 있는 인용한 말, 또는 마음속으로 한 말을 쓸 때 사용한다.

하지만 비즈니스 문서에서 따옴표의 용도는 조금 다르다. 우선 책의 제목이나 신문 이름을 나타내는 겹낫표「」와 겹화살괄호《 》 대신에 큰따옴표를 쓴다.

- 이번에 출간된 "개발자의 글쓰기"를 참고했음.
- 이 건은 "한겨레신문"의 기사를 토대로 작성했음.

소제목이나 예술 작품의 제목, 상호, 법률, 규정 등을 나타낼 때 쓰는 홑낫표「」 와 홑화살괄호〈 〉 대신에 작은따옴표를 쓴다.

- 이번 프로젝트의 이름은 '안드로이드'로 정했음.
- 이번 릴리스는 '개인정보 보호법'을 준수함.

어떤 내용을 강조하거나 비교해서 드러내야 할 때 작은따옴표를 쓰기도 한다.

- 1단계로 '원인 분석'을 철저히 한 다음 2단계를 추진해야 함.
- 이 시점에서 중요한 것은 '창의'가 아니라 '열정'임.

03
영어 단어 선택과 외래어 표기법

비슷한 듯 다른 듯, 단어 선택

개발을 하다 보면 반대되는 영어 단어를 선택해야 할 때가 많다. 예를 들어 HTML에서 어떤 레이어를 보여줬으면^{show}, 반대로 감추기도^{hide} 해야 한다. 이 때 show와 hide라는 반대말을 정확히 사용해야 한다. show를 쓴 다음에 hide 대신 invisible을 쓰면 안 된다. invisible의 반대말은 visible이기 때문이다.

좀 더 예를 들어 보자. head의 반대말은 tail, toe, foot 등 다양하다. 하지만 HTML에서 header의 반대 태그는 footer다. 미만은 under를 쓰고 초과는 over를 쓴다. 이하는 or under를 쓰고 이상은 and over를 쓴다. before의 반대는 after, open의 반대는 close다. input의 반대말은 output이고 import의 반대말은 export다.

반대말이 있으면 비슷한말도 있다. 비슷한말은 서로 의미는 비슷하지만 개발에서 사용하는 의도는 다르다. 예를 들어, 중단이라는 의미를 가진 영어 단어로는 stop, end, finish, pause, suspend, hold 등이 있다. stop은 잠시 중단하는 것이어서 언제든 재시작할 수 있다. 완전히 중단되어 재시작할 가능성이 전혀 없다면 end를 써야 한다. finish는 끝장을 본 상태여서 재시작을 고려할 필요도 없다. pause는 아주 잠시 일시적으로 중단된 것이어서 금방이라도 다시 시작할 것 같은 상황이다. suspend는 다음 단계의 시작을 중단한 것이다. hold는 어떤 의도가 있어서 중단한 것이다.

```
stopUserRegister(); // 사용자 등록을 잠시 중단한다. 재개하려면
startUserRegister()나 restartUserRegister()를 사용한다.

endUserRegister(); // 사용자 등록을 종료한다. 사용자 등록을 새롭게
시작하려면 beginUserRegister()를 사용한다.

finishUserRegister(); // 사용자 등록을 완전히 종료한다. 이 함수를 실행한
후에 다시 사용자 등록을 요청하면 에러가 발생해야 한다.

...
```

예를 더 들어보자.

동사 get은 어떤 값을 돌려받아서 반환하는 함수에 사용한다. 반면 return은 함수 이름에 쓰지 않는다. return은 주로 함수 안에서 제어에 쓰기 때문이다. 게다가 return의 주체(=주어)는 객체이므로 함수에 return을 쓰면 자기가 자기에게 돌려주는 이상한(?) 루프에 빠진다.

get과 비슷한 단어로 retrieve가 있다. retrieve는 검색^{search}해서 가져온다^{get}는 뜻이다. 검색에 무게가 실린다면 retrieve를 쓰는 편이 낫다. acquire는 독점한다는 뜻이다. 다른 함수가 가져가지 못하게 독점하고자 할 때는 acquire를 쓰자. fetch는 현재 값을 가리키는 포인터가 다음 값으로 이동^{moveNext}한 것을 가져온다^{get}는 뜻이다.

get과 비슷한 것 같지만 set은 완전히 다른 용도다. set은 값을 변경하거나 설정하는 함수에 쓴다. 초기화 설정이라면 init를 쓰는 것도 좋은 방법이다. create와 register도 비슷하지만 전혀 다른 역할을 한다. register는 이미 정

해진 틀에 값을 집어넣는 것이다. create는 정해진 틀이 없으므로 먼저 틀^{객체}을 만들 때 쓴다.

수정을 나타내는 change, modify, revise도 의도가 다른 말이다. change는 내용을 단순히 바꾸는 것이다. modify는 잘못된 것을 바로잡을 때 쓴다. revise는 기존에 없던 새로운 정보나 아이디어를 덧붙여 기존 내용과 달라졌음을 분명히 할 때 사용한다.

parameter는 매개변수로, 함수에 정의한 변수^{variable}를 뜻하고 argument는 전달 인자로, 함수를 호출할 때 전달되는 값^{value}을 의미한다. attribute는 HTML에서 태그 안에 속성을 넣을 때 사용되는 요소다. 하지만 이 요소를 HTML DOM에서 가리킬 때는 property라고 한다. attribute와 property는 언어마다 조금씩 다르게 해석된다.

must와 should는 우리말로 '~해야 한다'라고 번역하지만, 스펙을 적거나 요구사항을 기록할 때는 전혀 다른 뜻으로 사용된다.

must는 필수 요구 사항이다. 즉, 요구^{required} 그 자체이므로 반드시 구현돼야 한다는 의미다. must not은 결코 구현(실현)돼서는 안 되는 일이다. 해서는 안 되는 일, 일어나서는 안 되는 현상을 정의할 때 사용한다.

should는 권고 또는 권장 사항이다. 가능하면 지키거나 구현해야 한다. 만약 구현이 어렵다면 다른 방법을 취할 수도 있다. should not은 구현되지 않는 것이 더 좋다는 의미다. 필요하다면 다른 방법을 취하는 것이 좋다.

한국어를 모국어로 쓰는 개발자라면 영어 단어의 이런 미세한 차이를 잘 알 수 없다. 그래서 행동이 필요한 함수라면 그냥 do를 써서 doSomething()으로 이름을 짓기도 한다. bool 값을 반환하는 함수라면 is나 does를 쓰기도 한다. 그런데 어떤 개발자는 do를 전처리 후에 실제 처리를 할 때 주로 써서 do 접두어가 붙은 함수를 실제 처리 함수로만 이해할지도 모른다.

정확한 단어를 쓰는 것도 중요하지만 그보다 더 중요한 것은 얼마나 일관성 있고 개연성 있게 쓰느냐다. 모든 행동 함수를 doSomething()으로 표현한다고 해서 잘못된 것은 아니다. 프로그램 안에서 일관성과 개연성만 있다면, 또는 그 프로그램의 코드를 보는 개발자 사이에 일관적이고 개연적인 합의만 돼 있다면 어떻게 쓰든 상관없다.

외산 제품 표기와 외래어 표기법

일관성 있게 써야 하는 것 중에서 가장 대표적인 것이 외산 제품 표기다. 예를 들어 누구나 아는 Windows 10을 보자. 이 제품의 이름은 공식적으로 Windows 10이다. 하지만 우리말로 쓸 때는 다음과 같이 여러 가지로 표현하곤 한다.

- 윈도 10
- 윈도우 10
- 윈도우즈 10

마이크로소프트가 윈도우95를 발표할 때 우리말로는 모두 윈도우95를 썼다. 그래서 언론사도 모두 윈도우95로 표기했다. 그런데 1995년 9월 5일에 국립국어원이 Windows 95를 심의할 때 '윈도95'로 표기해야 한다고 결정했고, 그 후로 언론사들이 윈도95로 표기하면서 혼란이 시작됐다.

물론 외래어 표기법에 따르면 Window의 ow[ou] 발음은 '오'로 적는다. 따라서 현재는 '윈도'가 옳은 표현이긴 하다. 하지만 구글 트렌드에서 '윈도10'과 '윈도우10'의 검색 수를 비교해도 '윈도우10'이 월등하다. 위키백과도 '윈도우 10'으로 표기한다.

이와 비슷하지만 정반대의 경우도 있다. 릴리스 노트의 릴리스의 원어는 release다. 외래어 표기법에 따르면 '릴리스'로 써야 한다. 위키백과도 릴리스 노트로 표기한다. 하지만 개발자들이 대화할 때는 대부분 릴리즈라고 말한다. 마치 basic을 베이식이라 하지 않고 베이직이라 말하고 쓰는 것과 같다.

지금 매우 익숙한 언어인 파이썬^{Python}은 원래 몬티 파이튼^{Monty Python}에서 온 말이므로 파이튼, 또는 파이선으로 써야 옳다. 지금 외래어 표기법은 '빵'처럼 이미 널리 쓰이는 외래어를 제외하고는 'ㅆ'과 같은 된소리로 표기하지 않는다. 그런데 파이썬이 된 연유는 따로 있다. 장혜식 님의 블로그(http://openlook.org/wp/why-python-is-called-python-in-korea/)에 그 기원이 적혀 있다.

> 파이썬이 처음 한국에서 막 뜨려고 하던 2000년 초기에 한국에서 파이썬을 다루는 홈페이지는 광운대 이강성 교수님과 당시 서울대에 계시던 이관수 님의 홈페이지밖에 없었습니다. 그때 이 두 홈페이지에 다니는 사람들이 파이썬을 다양한 방법으로 불렀는데, '파이선', '파이던', '파이똔', '파이톤', '파이싼', '파이딴', '뭐톤', '피톤', '피쏜' 등등 부를 수 있는 조합은 거의 다 나오지 않을까 싶을 정도로 다양하게 불렀죠. 그러다가, 이강성 교수님께서 운영하시는 '파이썬 정보 광장' 첫 모임이 드디어 2000년 4월 28일 저녁에 역삼동에서 강남대로 따라 양재동으로 가는 길에 있는 백두산이라는 고깃집에서 있었고, 그 자리에 참석했던 대략 20명 정도 되는 최초의 한국 뱀신족들이 파이썬을 '파이썬'으로 부르기로 합의합니다.

아주 오랫동안 우리는 언론에서 짜장면을 자장면으로 보고 들었지만, 현실의 중식집에서는 모두가 짜장면이라 쓰고 짜장면이라 발음했다. 개발사는 언론사가 아니고 개발자도 기자가 아니다. 영어를 한글로 쓰고 말할 때 지켜야 할 것은 외래어 표기법이 아니라 일관성이다. 한 기업이나 한 사이트, 한 문서 안에서만 통일한다면 굳이 어색한 외래어 표기법에 짜맞추지 않아도 된다. 게다가 외래어 표기법 제1조 제5항은 다음과 같다.

"이미 굳어진 외래어는 관용을 존중하되, 그 범위와 용례는 따로 정한다."

만약 널리 사용되는 관용적 표기가 없는 낯선 외국어 단어를 우리말로 바꾸고 싶다면 먼저 외래어 표기법에 따라서 표기하면 된다. 하지만 외래어 표기법을 일일이 이해해 가며 표기하기는 매우 어렵고 시간도 걸릴뿐더러 정확성을 보증하기도 어렵다. 이때는 우선 외래어 용례를 찾아보자.

- **국립국어원 외래어 표기 용례 찾기**: http://kornorms.korean.go.kr/example/ exampleList.do

영어가 아닌 언어를 우리말로 바꾸고 싶으면 무료 외래어 변환 사이트를 이용하자.

- **한글라이즈**: https://hangulize.org

2장

개발 시간을 줄여주는 이름 짓기와 주석 쓰기

01
네이밍 컨벤션, 이유를 알고 쓰자

개발자의 가장 큰 고민은 이름 짓기

아무리 작은 프로그램이나 간단한 애플리케이션이라도 수많은 이름을 지어야 한다. 변수 이름부터 시작해서 함수, 클래스, 파일, 디렉터리, 데이터베이스 칼럼, 심지어 프로젝트 이름까지 정해야 한다.

서비스 기획자는 서비스 이름 하나만 지으면 되고 마케터는 마케팅 메시지 한 줄만 잘 만들면 되지만, 개발자가 만들어야 할 이름은 수십, 수백 가지다. 어쩌면 개발자가 가장 힘들어하는 일이 이름 짓기일지도 모른다. 실제로 2013년에 Quora 사이트와 Ubuntu 포럼에서 개발자 4,522명에게 설문했더니 그들의 절반이 이름 짓기가 가장 힘들다고 대답했다.

생각해 보라. 자기 코드에 주석을 주렁주렁 달고 싶은 개발자는 세상에 없다. 모든 개발자는 자기 코드를 읽는 사람이 주석 없이도 금방 이해하게 코드를 작성하고 싶어 한다. 함수가 어떤 일을 하는지 이름만 보고도 짐작하게 만들고 싶어 한다. 그러면서도 간결하고 명료하며 일관성을 가진 이름을 짓고 싶어 한다.

하지만 현실은 그렇지 못하다. 이름을 잘못 지어서 코드를 이해하기가 어렵고, 자기가 이름을 지어놓고도 나중에는 그 이름이 무엇을 뜻하는지 모를 때도 많다. 코드를 일일이 다시 열어보고 나서야 그때 그 이름을 왜 그렇게 지었는지 떠올린다.

비슷한 이름을 클래스에도 쓰고 변수에도 쓰면 헷갈린다. HTML에서 모든 섹션을 div 태그로만 만들어 놓으면 어디가 메뉴고 어디가 본문이고 어디가 꼬리인지 알 수 없다. 이름 하나 잘못 지었을 뿐인데 일이 몇 배가 된다.

이름 짓기가 어렵긴 하지만 잘만 하면 코드를 짜기도 쉽고 이해하기도 쉽다. 다른 개발자와 소통하기도 쉬워지고, 공개할 경우 외부 개발자에게 인정도 받는다. 게다가 요즘같이 애자일이 주목받아서 문서를 최소로 만드는 시대에 문서 대신에 코드로 소통하려면 좋은 이름 짓기는 필수다.

하지만 막상 함수 이름을 지으려고 하면 도대체 어디서부터 시작해야 할지 막막할 때가 많다. 게다가 한글이 아닌 영어로 이름을 지어야 하고, 그에 따라 영어 표기법도 고려해야 한다. 다른 개발자가 봤을 때 한 번에 무슨 뜻인지, 무슨 기능을 하는지 알아낼 수 있는 이름이어야 한다. 그러면서도 아주 간결해야 한다.

이름 짓기는 창조가 아니라 조합

개발자들이 이름 짓기를 어려워하는 가장 큰 이유는 무에서 유를 창조해야 한다는 생각 때문이다. 하지만 이름 짓기는 무에서 유를 창조하는 것이 아니다. 오히려 라이브러리를 사용하는 것처럼 기존 방식이나 이름을 차용해서 새로운 이름을 짓는 경우가 대부분이다.

예를 들어 우리가(한국어를 쓰는 한국인이) 아이를 낳아서 이름을 짓는다고 해보자. 그러면 뜬금없이 Alexander Lives라는 이름을 짓지는 않을 것이다.

필자의 이름은 김철수다. 이 중에서 '김'은 성이고, 아버지의 성을 그대로 따랐다. '철'은 돌림자다. 내 작은형 이름은 '김철의'다. 그러니 우리 부모님이 내 이름을 지을 때는 '수' 하나만 결정한 것이다. 그것도 철학관에서 내 사주를 알려주고 받은 몇 가지 한자 중에서 고른 것이다. 말하자면 이름 짓기는 창조 과정이 아니라 정해진 원칙으로 적절한 단어를 선택해 조합하는 과정일 뿐이다.

칸막이가 있는 그릇에 짬뽕과 짜장면을 각각 담은 메뉴를 짬짜면이라고 부른다. 볶음밥과 짜장면을 같이 담으면 볶짜면이다. 누구도 짬짜면의 이름을 새롭게 만들어내지 않았다. 모두 기존 이름을 조합한 것이다.

깃허브의 인기 자바 소스를 분석해서 클래스, 함수, 변수 이름의 명명 특징을 연구한 블로그 글 "오픈소스의 네이밍 특징들(https://brunch.co.kr/@goodvc78/12)"은 몇 가지 중요한 네이밍 규칙을 데이터로 증명했다.

- **자바 네이밍 컨벤션을 철저히 준수한다.**
  - 클래스는 UpperCamelCase
  - 함수와 변수는 lowerCamelCase
  - 상수는 UPPER_DELIMITER_CASE

- **네이밍은 보통 16글자, 3단어를 조합한다.**
  - 클래스 네임: 3.18 단어
  - 함수 네임: 3.36 단어
  - 변수 네임: 2.57 단어

- **품사는 주로 명사, 동사, 형용사의 조합이다.**
  - 명사 + 명사 + 명사
  - 동사 + 명사 + 명사
  - 형용사 + 명사 + 명사 등

인기 있는 자바 소스의 네이밍 비법은 다른 게 아니라 기존 영어 규칙을 지키고 기존 단어를 적절히 조합해서 사용한 것이었다. 그러므로 네이밍의 특징과 규칙만 잘 이해한다면 누구나 쉽게 이름을 지을 수 있을 것이다.

우선은 네이밍 컨벤션부터 알아보고, 함수와 변수의 이름을 짓는 구체적인 방법을 터득해 보자.

코드의 네이밍 컨벤션은 영어 표기법을 상속받았다

네이밍 컨벤션은 기본적으로 영어의 표기법을 준수한다. 그래서 영어 표기법을 이해하면 네이밍 컨벤션도 이해할 수 있다. 예를 들어 대소문자를 구별하는 파스칼 표기법과 카멜 표기법은 영어의 대문자 표기 원칙^{Capitalization}을 상속받은 것이다. 다음은 영어의 대문자 표기 원칙 몇 가지다.

고유 명사는 문장 어느 위치에 오든 첫 글자를 대문자로 쓴다.

I went to Tokyo. (O)

이름 앞에 오는 직함은 첫 글자를 대문자로 쓴다.

Doctor Mr. Micheal (O)

책, 신문, 잡지, 음악, 영화 등의 제목에 나오는 첫 단어와 마지막 단어의 첫 글자와 관사는 대문자를 쓴다.

Marvel's The Avengers (O)

출판물의 일부와 관련한 명사 다음에 숫자가 올 때 명사의 첫 글자를 대문자로 쓴다.

Section 2 (O)

요일명, 휴일명, 달, 역사적 사건, 역사적 기간은 첫 글자를 모두 대문자로 쓴다.

World War II (O)

천체의 이름은 첫 글자를 대문자로 쓴다.

It is the Mars (O)

영어의 대문자 표기 원칙을 잘 보면 몇 가지 특성이 있다.

첫째, 중요하거나 크거나 특정한 것을 가리키거나 제목에 해당하는 명사는 모두 첫 글자를 대문자로 쓴다.

둘째, 그런 명사들이 이어질 때는 첫 글자를 모두 대문자로 쓴다.

셋째, 명사나 관사가 아닌 동사, 형용사 등은 소문자를 쓴다.

이 특성은 코딩에 그대로 적용된다. 그래서 파스칼 표기법과 카멜 표기법이 만들어졌다.

파스칼 표기법으로 클래스 이름 짓기

파스칼 표기법은 모든 단어에서 첫 글자를 대문자로 쓰는 방식이다. 주로 클래스 이름에 사용한다. 그 이유는 클래스가 프로그래밍에서 가장 주요하고 높은 위치에 있고, 고유명사처럼 특정되며, 명사로 돼 있기 때문이다. 클래스 이름으로 명사 여러 개를 붙여 쓰는 경우에는 각 명사의 첫 글자를 모두 대문자로 쓴다. 이것은 인터페이스도 마찬가지다.

예를 들어 어떤 커피숍의 주문관리시스템을 만든다고 하면 다음과 같이 인터페이스와 클래스를 정의할 수 있다.

```
interface menu
class coffeemenu implements menu
```

```
interface Menu
class CoffeeMenu implements Menu
```

메뉴는 앞으로 나올 모든 음료나 **빵** 종류를 포함하는 가장 큰 개념이다. 마치 고유명사나 호칭 같은 것이다. 그래서 menu가 아니라 Menu로 쓴다. CoffeeMenu는 메뉴판 이름과 같다. Marvel's The Avengers처럼 특정한 메뉴판을 지시하거나 호칭한다. 이렇게 클래스는 단어의 첫 글자를 모두 대문자로 쓴다. 예를 들어 안드로이드 View 클래스 계층도를 그릴 때는 클래스 이름의 첫 글자는 어디에 위치하든 모두 대문자로 쓴다.

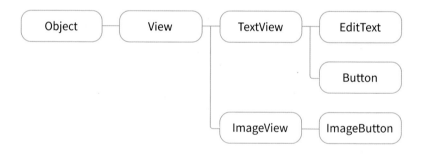

카멜 표기법으로 함수 · 변수의 이름 짓기

카멜 표기법은 첫 단어를 빼고 나머지 단어의 첫 번째 글자만 대문자로 쓴다. 주로 함수나 변수에 사용한다. 함수는 동작을 시키는 명령어 개념이므로 첫 단어가 주로 동사다. 변수는 형용사로 시작하는 경우도 많다. 영어 표기 원칙의 기본은 명사가 아닌 경우 첫 글자를 소문자로 시작한다는 것이다. 그래서 함수와 변수는 모두 첫 단어의 첫 글자를 소문자로 쓴다.

【잘못된 예】

```
int TotalCount = 0;
void OrderCoffee()
```

【좋은 예】

```
int totalCount = 0;
void orderCoffee()
```

상수는 모두 대문자로 쓴다

영어 표기 원칙에서는 상수를 대문자로 쓰지 않는다. 예를 들어 가장 유명한 상수인 원주율을 영어로는 Pi처럼 첫 철자만 대문자로 쓰고 그리스어 알파벳의 소문자 π^{파이} 기호로 대신한다(π의 대문자 표기는 Π이다).

하지만 프로그래밍할 때는 소문자를 쓰는 변수와 구별하기 위해 상수를 모두 대문자로 쓰고 언더스코어(_)로 단어를 연결한다. 상수는 값이 변해서는 안 된다는 점을 강조하고 주의시키기 위해 가독성을 높이는 방법으로 대문자를 선택한 것이다. 하지만 요즘에는 통합개발환경^{IDE: Integrated Development Environment}이 발전해서 굳이 상수를 모두 대문자로 쓸 필요가 있는지 의문이다. 상수를 대문자로 쓸지 말지는 개인의 자유지만, 어느 쪽이든 회사 안에서는 통일하는 것이 좋다.

```
static final int COFFEE_MAX = 10;
```

패키지와 모듈은 모두 소문자로 쓴다

패키지와 모듈은 분명히 클래스나 함수보다 더 높은 위치다. 그러므로 패키지 이름과 모듈 이름은 당연히 대문자로 써야 할 것 같다. 하지만 실제로는 소문자로만 쓴다.

이것은 패키지와 모듈이 클래스를 모으거나 함수를 담아놓은 통에 불과하기 때문이다. 클래스가 책이라고 하면 패키지는 전집이라고 볼 수 있다. 우리가 인식하고 구별하는 것은 각각의 책이지 전집이 아니다. 전집은 단지 책을 모아놓은 것에 불과하다.

물론 실용적인 이유도 있다. 패키지 이름과 클래스 이름을 혼동할 수 있고, 모듈 이름과 함수 이름을 헷갈릴 수 있어서 패키지와 모듈 이름은 모두 소문자로 쓰는 것으로 누군가가 정했고, 그것이 그대로 컨벤션으로 자리 잡았다.

【안 좋은 예】

```
kr.co.wikibook.android.DeveloperWriting
import DeveloperWriting
```

【좋은 예】

```
kr.co.wikibook.android.developerwriting
import developerwriting
```

BEM 표기법

CSS^{Cascading Style Sheets}에서 사용하는 BEM^{Block, Element, Modifier} 표기법은 '대상__요소—상태'를 의미한다. 대상의 요소나 부분을 의미할 때는 언더스코어 두 개(__)로 연결한다. 대상이나 요소의 상태나 속성을 의미할 때는 하이픈 두 개(--)로 연결한다.

```
.form {}
.form__button {}
.form__button--disabled {}
```

가독성과 소통이 먼저다

대문자를 쓰든 소문자를 쓰든, 하이픈을 쓰든 언더스코어를 쓰든 중요한 것은 표기법 자체가 아니라 그렇게 쓰는 이유다. 그동안 수많은 개발자가 이렇게 컨벤션을 만든 이유는 가독성과 소통 때문이다. 코드를 읽기 쉽게 만들고 다른 개발자와 소통하기 위해서다. 남들이 으레 그렇게 하니 따라 할 것이 아니라 그렇게 쓰는 이유를 알고 써야 한다.

그런데 요즘에는 개발 툴이 워낙 발전해서 굳이 이렇게 대소문자를 가려 쓰지 않아도 색깔로 쉽게 구별할 수 있다. 예를 들어 비주얼 스튜디오를 사용한다면 변수 종류에 따라 색깔을 달리 나타낼 수 있다. 전역 변수는 노란색으로, 로컬 변수는 주황색으로, 멤버 변수는 보라색으로 바꾸면 가독성을 높일 수 있다. 전경과 배경을 동시에 사용할 수도 있다. 변수는 배경 색깔을 노란색으로 하고 글자색을 변수 성격에 따라 달리 나타내면 가독성이 더 높아진다.

하지만 가독성이 높다고 소통이 더 잘 되는 것은 아니다. 소통이 잘 되려면 서로가 같은 컨벤션을 지켜야 한다. 전경과 배경의 색깔이 어떤 변수를 뜻하는지 서로 이해하는 바가 다르면 오히려 소통하기가 어려워진다.

따라서 같은 부서의 개발자, 또는 하나의 프로그램과 관련된 개발자들끼리는 코딩하기 전에 기본적인 컨벤션 규칙을 정하는 것이 우선이다. 그래야 가독성과 소통이라는 두 마리 토끼를 동시에 잡을 수 있다.

02
변수 이름을 잘 짓는 법

i는 변수 이름이지만 d는 아니다

가장 많이 쓰는 변수 이름은 무엇일까? "오픈소스의 네이밍 특징들"에 따르면 i와 LOG, result였다. 사실 i는 정수를 뜻하는 integer와 지수를 뜻하는 index 의 첫 글자로 간주되므로, 개발자가 반복문의 카운터나 배열 인덱스로 i를 사용해도 이상할 것이 전혀 없다. i 다음에 j, k를 쓰는 것도 전혀 어색하지 않다.

x와 y를 좌푯값을 나타내는 변수로 사용하는 것도 전혀 나쁘지 않다. xy 좌표 는 이미 충분히 우리 머릿속에 관습으로 박혀 있기 때문이다.

하지만 a나 d와 같이 아무런 의미가 없는 글자를 변수로 쓰는 것은 좋지 않다. 예를 들어 일자를 d로 표현할 때가 많다. day를 뜻한다고 생각한 것이다. 하 지만 d를 보고 어떤 개발자는 date나 double을 떠올릴지도 모른다.

일자 day를 뜻하는 변수를 설정하고 싶다면 그냥 day를 사용하면 된다. 그런 데 그냥 day는 없다. 프로그램은 항상 어떤 의미와 의도를 가진 day만을 사 용한다. 그냥 일자란 존재하지 않는 것이다.

임의의 날을 뜻한다면 someday를 쓰면 된다. 오늘은 today고, 특정한 날은 thisDay다. 마지막 날을 뜻한다면 finalDay를 써야 한다.

```
int d
int m
int y
```

【좋은 예】

```
int someday
int today
int thisMonth
int finalYear
```

요즘 페이스북이나 유튜브 같은 소셜 네트워크 서비스를 보면 게시물을 올린 날짜를 보여주지 않고 게시물을 올린 후 며칠이 지났는지 알려주곤 한다. 특정한 날짜로부터 며칠이 지났는지 알려주는 변수라면 다음과 같은 이름이 더 정확하고 가독성이 높은 이름이다.

```
int daysSinceCreated
int monthsSinceUpdated
int yearsSinceRegistered
```

긴 이름? 짧은 이름? 검색 잘 되는 이름!

소프트웨어 초창기 개발자라면 개발 환경이 아주 열악한 상태에서 코딩했을 것이다. 어쩌면 메모장에서 코딩했을지도 모른다. 그렇다면 변수 이름을 길게 지어서 굳이 오탈자를 낼 확률을 높이지 않았을 것이다.

예를 들어, 백화점을 방문한 VIP 고객 수를 뜻하는 변수를 굳이 numberOfTotalVeryImportantPersons라고 이름 짓지는 않을 것이다. 그냥 VIPs로 쓸 것이다.

maxSizeOfWindow라는 이름의 변수를 ms로 바꾸고 용어사전에 등록하는 편이 개발에 더 용이했을 것이다.

하지만 요즘은 개발 환경이 아주 많이 좋아졌다. 이제는 변수 이름을 처음부터 끝까지 모두 입력하는 경우는 거의 없다. 첫 글자 몇 개만 입력해도 개발 툴이 자동으로 변수를 찾아서 제시한다. 이제는 변수 이름을 타이핑하지 않고, 검색해서 찾아 선택하는 방식으로 개발한다. 따라서 변수 이름의 길이와 오탈자의 상관관계는 이제 없다고 봐야 한다.

접두어도 마찬가지다. 멤버 변수를 식별할 때 변수 이름 앞에 m 접두어를 붙이는 경우가 적지 않다. 변수의 타입을 쉽게 알아볼 수 있도록 n이나 is 같은 접두어를 붙일 때도 있다. UI 구성요소에도 접두어를 많이 쓴다. button을 줄인 btn이나 image를 줄인 img 등이 있다.

이러한 헝가리안 표기법^{Hungarian Notation}은 통합개발환경이 발전하기 전에는 유익했다. 하지만 요즘은 변수 타입이 자동으로 표시된다. 문제가 있으면 알려주기도 한다. 그래서 헝가리안 표기법은 이제 거의 레거시(legacy)가 됐다고 봐도 무방할 것이다.

복수형을 나타내는 s를 붙일까 말까?

배열^{array}을 복수^{-s}로 나타내는 방법이 있다. UserName을 복수형으로 UserNames라고 쓰는 것이다. 변수명에 복수형을 나타내는 −s가 붙어 있기 때문에 쉽게 알아볼 수 있다. 하지만 다음과 같이 함수명 중간에 사용할 때는 −s가 눈에 잘 띄지 않는다.

```
checkUserNamesUnder2Characters()
checkUserNamesExistsInDB()
```

그래서 변수명은 그냥 두더라도 함수명에서는 -s 대신 다음과 같이 'array'나 'list of'를 쓰는 편이 더 나을 수도 있다. 어떤 것이 편한지는 개인마다 다르겠지만 회사 또는 프로젝트 안에서는 규칙을 하나로 통일해야 할 것이다.

```
checkUserNameArrayUnder2Characters()
checkListOfUserNameExistsInDB()
```

약어를 쓰는 것이 좋을까? 안 쓰는 것이 좋을까?

약어 문제를 잠깐 짚고 가자. 약어를 추천하는 개발자도 있고 절대 쓰지 말라는 개발자도 있다. 그런데 실제로 코드를 작성하다 보면 약어를 쓰는 것이 편할 때가 많다. 용어 정의서에 약어 설명을 하나 추가하기만 하면 코드를 짤 때 원래 단어를 일일이 쓰지 않아도 된다.

게다가 뭔가 모르게 멋지고 전문가처럼 보이기도 한다. FBI나 CIA 효과 같은 것이다. 정확히 무슨 뜻인지는 모르지만 함부로 대해서는 안 될 것 같은 느낌이 든다. 그래서 SI 업체가 공공기관에 내는 제안서를 보면 온통 약어 투성이에 용어 정의서만 몇 장이 되기도 한다.

필자는 서비스 이름이나 패키지 이름, 또는 클래스 이름에 약어를 쓰는 것도 그리 나쁘지 않다고 본다. 예를 들면 다음과 같다.

- Amazon Web Service Simple Storage Service ⇒ AWS S3

- Clova Extensions Kit ⇒ CEK

- Clova Interface Connect ⇒ CIC

- KakaoMessageTemplate ⇒ KMT

약어를 만드는 좋은 방법은 보편성을 기준으로 정하는 것이다. 회사나 업계에서 많이 사용하는 약어라면 코드에 사용하는 것이 좋다. 예를 들어 HTML을 누구도 HyperTextMarkupLanguage라고 말하지 않는다. User Interface는 UI라 쓰고, User Experience는 UX라 쓴다.

변수 temp는 원래 temporary다. 하지만 누구도 temporary로 쓰지 않는다. document는 doc으로, parameter는 param으로, argument는 arg로 쓴다.

어떤 이름을 약어로 쓰고 싶다면 몇 가지 안을 만들어서 비개발자에게 물어보는 것도 좋다. 예를 들어 우수고객 데이터를 모두 관리하는 매니저 클래스를 만든다고 하면 다음의 후보로 설문해서 선택하는 것도 괜찮다.

1. VIPDM

2. VIPDMgr

3. VIPDManager

4. VIPDataManager

5. VeryImportantPersonDataManager

대부분은 4번을 선택할 것이다. 4번이 가장 보편적으로 이해할 수 있기 때문이다.

중요한 단어를 앞에 쓴다

변수 이름을 여러 단어로 조합할 때는 순서를 잘 정해야 한다. 예를 들어 총 방문자 수를 나타내는 변수를 보통 totalVisitor로 그대로 번역해 변수로 사용하곤 한다. 하지만 이 변수를 다시 사용할 때는 total로 검색을 시작하는 경우보다 visitor로 검색을 시작하는 경우가 더 많을 것이다. 따라서 total이라는 수식어보다는 본래 의미를 뜻하는 visitor를 앞에 쓸 것을 추천한다.

```
int totalVisitor
int totalRegister
int totalBuyer
int totalSalesOfThisMonth
int maxSizeOfWindow
int numberOfTotalVIP
```

【좋은 예】

```
int visitorTotal
int registerTotal
int buyerTotal
int salesOfThisMonthTotal
int windowSizeMax
int vipCount
```

물론 요즘 개발 도구는 검색할 때 해당 단어가 포함된 클래스나 변수를 다 찾아준다. 그래서 단어를 조합해 이름을 지을 때 순서가 그다지 의미 없을 수도 있다. 다만 중요한 것이 앞에 와야 한다는 기본 원칙은 지키자.

함수 이름 짓는 순서

함수 이름을 지을 때를 생각해 보자. 처음에는 한글 문장에서 시작해서 몇 개의 영어 단어 조합으로 끝내는 경우가 많다. 예를 들어, 회원가입을 하는 웹페이지에서 다음과 같은 기능이 있어야 한다고 하자.

> "사용자가 이름을 입력하고 등록 버튼을 클릭하면, 시스템이 사용자 이름을 input 태그에서 가져와 이름 입력 여부와 글자 수를 확인한 후 입력이 안 되었으면 스크립트를 중단하고 input 태그를 활성화해 사용자가 쓸 수 있게 하고, 글자 수가 한글 두 글자 이하면 확인을 요청해 사용자가 확인할 수 있게 한다."

이를 함수 이름으로 그대로 옮길 수는 없다. 그래서 일단 사용자가 할 일을 모두 없애서 문장을 간결하게 만들어야 한다. 함수는 시스템이 할 일을 나타내는 것이지 사용자가 할 일을 나타내는 것이 아니다. 따라서 함수의 주체, 즉 주어도 없앤다.

논리적으로 합쳐야 하거나 떼야 할 것을 확인해서 다시 정리한다. 두 번째 줄의 "이름을 input 태그에서 가져와 입력 여부와 글자 수를 확인"에서 입력 여부는 글자 수로 알 수 있다. 글자 수가 0(=null)이면 입력이 안 된 것이다. 따라서 "입력 여부"를 확인하는 것은 "글자 수 확인"으로 대신할 수 있다.

세번째 줄의 "스크립트를 중단"하는 것도 지우자. 이름이 한 글자도 없으면 당연히 스크립트 실행을 중단해야 한다.

> "사용자가 ~~이름을 입력하고 등록 버튼을 클릭하면 시스템이~~ 사용자 이름을 input 태그에서 가져와 ~~입력 여부와~~ 글자 수를 확인한 뒤 ~~입력이 안 되었으면 스크립트를 중단하고~~ input 태그를 활성화해 사용자가 쓸 수 있게 하고, 글자 수가 한글 두 글자 이하면 확인을 요청해 사용자가 ~~확인할 수 있게 한다.~~"

이제 남은 문장을 조각내자.

1. 사용자 이름을 input 태그에서 가져온다.

2. 사용자 이름의 글자 수를 확인한다.

3. 입력이 안 되었으면 input 태그를 활성화한다.

4. 글자 수가 한글 두 글자 이하면 확인을 요청한다.

이제 함수를 몇 개 쓸지 결정한다. 일단은 1 함수 1 업무 규칙을 적용하자. 예문에서 3, 4번은 2번에 속하는 동작이므로 2~4번을 함수 하나로 묶을 수 있다. 이때 문장을 논리로 다시 구성하자.

1. (함수1) 사용자 이름을 input 태그에서 가져온다.

2. (함수2) 사용자 이름의 글자 수가 2글자 이하면 다음과 같이 처리한다.

    ☞ 만약 글자 수가 0(=null)이면 input 태그를 활성화한다.

    ☞ 만약 글자 수가 1 또는 2이면 사용자에게 확인을 요청한다.

이제 함수 문장을 영어로 바꾸자.

- (함수1) 사용자 이름을 input 태그에서 가져온다.

    ⇒ get user's name from the text input field

- (함수2) 사용자 이름의 글자 수가 2글자 이하면 다음과 같이 처리한다.

    ⇒ do something if user's name contains under 2 characters

영문에서 정관사나 불필요한 단어를 빼고 of는 앞뒤 단어를 바꾸자. 소유격도 없애자. do something은 확인해 처리하는 check라는 단어로 바꾸자.

- (함수1) get user name from input field

- (함수2) check if user name contains under 2 characters

이제 띄어쓰기를 없애고, 두 번째 단어부터는 첫 철자를 대문자로 바꾸자.

- (함수1) getUserNameFromInputField()

- (함수2) checkIfUserNameContainsUnder2Characters()

함수를 사용할 때 의미상 없어도 되는 단어는 없애자.

- (함수1) getUserNameFromField()

- (함수2) checkUserNameUnder2Characters()

03
좋은 이름의 기준, SMART

한 번에 좋은 이름을 지을 수는 없다

치킨집이나 휴대전화 가게가 신장개업하면 가게 앞에 공기주입기에 연결되어 흥겨운 음악에 맞춰 춤추는 키 큰 사람 모양 인형을 가져다 놓는다. 이것을 모듈명으로 정해야 한다면 뭐라고 이름을 지을까?

Big Dancing Air Doll?

이것은 1996년 애틀랜타 올림픽에 처음 등장한 예술 작품이다. 그때는 키가 커서 Tall Boys로 불렸다. 긴 팔로 하늘을 휘젓는 모습이 날아가는 듯해서 Fly Guys로도 불렸다가 나중에 Tube Man으로 공식화됐다.

Tall Boys는 큰 키를 보고 지은 이름이다.

Fly Guys는 하늘을 나는 듯한 모습을 보고 이름을 지은 것이다.

Tube Man은 몸속이 비어 있는 관^{대롱} 모양을 보고 이름을 지은 것이다. 굳이 우리말로 바꾸자면 '대롱 인간'이다.

tall이나 fly나 tube는 모두 여러 속성 중 하나를 있는 그대로 드러낸 것에 불과하다. 이런 이름은 그것의 진정한 멋을 보여주지 못한다. 그래서 사람들은 새롭게 Sky Dancer, Air Dancer라는 이름을 짓고 그것을 더 많이 사용했다.

우리말로도 스카이댄스, 바람인형, 춤추는 풍선, 춤추는 인형, 풍선인형, 행사인형, 공기인형 등으로 불린다.

좋은 이름이 가진 5가지 특징

누구나 이름을 지을 수 있다. 하지만 그 이름이 널리 퍼져 많은 사람이 사용하게 하려면 좋은 이름이어야 한다. 지금은 누구나 사용하는 유튜브[youtube]는 you와 tube를 붙인 말이다. you는 당신, 사람들을 뜻하고, tube는 옛날 진공관 텔레비전을 흔히 일컫는 말이다.

youtube라는 이름은 채드 헐리[Chad Hurley]의 입에서 갑자기 튀어나온 말이다. 하지만 그 이름이 나올 때까지 창업자들은 종일 고민했다. 나름의 기준도 있었다. 듣기에 좋고 외우기도 쉽고 두 음절이어야 하며, 알파벳 7자 이내여야하고, 두 음절에는 각각의 의미가 있어야 하며, 하나는 소셜, 하나는 미디어의의미를 담아야 한다고 생각했다. 그래서 어떤 이름을 떠올리거나 말했을 때그 기준에 적합한지 따져 결정할 수 있었다.

경우에 따라 좋은 이름을 정하는 기준은 제각각이다. 하지만 좋은 이름이 가진 공통의 기준은 있다. 그래서 패키지, 클래스, 모듈, 함수, 변수를 망라해 좋은 이름인지를 확인하는 5가지 기준을 SMART로 정했다.

- easy to Search 검색하기 쉽고
- easy to Mix 조합하기 쉽고
- easy to Agree 수긍하기 쉽고
- easy to Remember 기억하기 쉽고
- easy to Type 입력하기 쉽고

easy to Search: 검색하기 쉽게 이름 짓는 법

하루에도 함수를 수십 개 만들어내는 개발자가 한 프로젝트에 수십 명 있다고 생각해 보자. 그러면 클래스나 함수나 변수가 엄청나게 많아져서 그것들을 일일이 다 외울 수 없을 것이다. 그래서 우리는 필요할 때마다 이름을 검색해 찾아서 사용한다.

그런데 검색에 안 걸리는 이름을 사용한다면 어떻게 될까? 그 이름을 찾느라 시간이 더 걸리거나 그 함수가 없다고 생각해서 함수를 새로 만드는 쓸데없는 일을 할 것이다. 처음부터 이름이 잘 검색되게 한다면 누구나 쉽게 검색할 수 있어 시간 낭비를 줄일 수 있다.

그러면 검색하기 쉬운 이름은 어떻게 지을까? 아주 쉽다. 고전적 범주화를 이용해 한 단계 상위 범주의 이름을 태그처럼 덧붙이면 된다.

고전적 범주화란 특정한 대상들을 묶어 상위 범주를 만들어 이해하는 것이다. 예를 들어 우리는 소나무, 감나무, 배나무 같은 개별적인 대상을 나무라는 이름으로 범주화해서 이해한다. 그러면 어떤 나무를 보고 그 이름을 몰라도 일단 나무라고는 인식하기 때문에 나무로 검색을 시작할 수 있다.

에러 메시지를 저장할 상수 이름을 짓는다고 하자. 서버의 응답 시간이 완료됐다면 SERVER_TIMEOUT이라고 지을 것이다. 반환하는 값이 없다면 NO_RESULT라고 지을 것이다. 그런데 이번에는 요청 횟수가 허용량을 초과해 에러가 생긴 것 같아서 해당 상숫값을 늘려야 하는데 그 상수의 이름을 모른다고 하자. 그러면 검색의 방법으로 상수를 찾을 수가 없어서 일일이 상수를 뒤져봐야 한다.

하지만 만약 이름에 한 단계 상위 범주인 ERROR를 붙여놓으면 에러와 관련된 모든 것을 한 번에 찾아낼 수 있다. 감나무나 배나무, 사과나무에는 모두 나무라는 상위 범주를 붙여씀으로써 나무로 검색하여 원하는 나무(예를 들어 감나무)를 쉽게 찾을 수 있는 것과 같다.

【안 좋은 예】

```
SERVER_TIMEOUT
NO_RESULT
BAD_REQUEST
SERVER_ALLOWED_REQUESTS_EXCESS
```

【좋은 예】

```
ERROR_SERVER_TIMEOUT
ERROR_NO_RESULT
ERROR_BAD_REQUEST
ERROR_SERVER_ALLOWED_REQUESTS_EXCESS
```

사용자를 구별할 때는 검색하기 쉽도록 user를 붙이는 것도 좋은 방법이다.

```
user
userBuyer
userPayer
userRegister
userRegisterButNoPayer
```

여기서 주의할 점이 있다. 같은 접두어를 가진 함수나 변수의 개수가 너무 많으면 안 붙이는 것만 못하다. user 접두어가 붙은 변수가 수십 개라면 유저 구분 체계부터 먼저 다듬어야 한다. 에러가 수백 개라면 ERROR를 접두어로 붙이기 전에 SERVER_ERROR, INTERFACE_ERROR 등으로 먼저 에러 구분 체계부터 만들어야 한다.

또한 접두어를 선호하지 않는 개발자라면 위와 같은 식으로 접두어를 붙이는 것에 거부감이 들 수 있다. 특정 변수나 함수를 검색할 일이 정말 많은지, 검색하더라도 바로 찾고 이해할 수 있는지, 회사의 네이밍 컨벤션에 위배되지 않는지 먼저 따져 본 뒤 사용하자.

easy to Mix: 조합하기 쉽게 이름 짓는 법

특정한 속성을 가지고 이름을 짓는 경우가 있다. 예를 들어 다음의 HTML 소스를 보자. 텍스트 크기와 색깔, 굵기와 같은 속성을 기준으로 일일이 스타일 이름을 지었다.

[안 좋은 예]

```html
<html>
<head>
    <style>
        .big_strong_text { font-size : 2em ... }
        ...
    </style>
...
</head>
<body>
    <div class="big_strong_text">개발자의 글쓰기</div>
    <div class="blue_text">소프트웨어 엔지니어를 위한 테크니컬
라이팅</div>
    <div class="strong_text">개발자라면 이거 모르고 쓰지 마오!</div>
</body>
</html>
```

이렇게 속성으로 이름을 일일이 만들어내는 것은 좋은 방법이 아니다. 디자이너가 텍스트 크기, 색깔, 굵기를 바꾸면 클래스 이름을 다시 싹 바꿔야 하는 수고가 든다. 이 수고를 덜려면 다음 예와 같이 속성 대신 개념으로 이름을 지을 수도 있다.

```html
<html>
<head>
    <style>
        .title { font-size : 2em ... }
        ...
    </style>
    ...
</head>
<body>
    <div class="title">개발자의 글쓰기</div>
    <div class="subtitle">소프트웨어 엔지니어를 위한 테크니컬
라이팅</div>
    <div class="slogan">개발자라면 이거 모르고 쓰지 마오!</div>
</body>
</html>
```

하지만 이 경우에도 스타일 이름을 계속 지어야 한다. 만약 보통의 텍스트라면 스타일 이름을 무엇으로 지을까? 그냥 text? 또한 같은 문서나 사이트에서 title을 게시물 제목으로 이름을 지어야 할 때도 있다. 그때는 title이 아니라 post_title로 이름을 또 지어야 한다. 이런 식으로 이름을 지어나가다 보면 한도 끝도 없다.

가장 좋은 방법은 개발 언어의 문법과 조합해 이름을 짓는 것이다. 개발 언어 자체가 이미 이름에 대한 기본 체계를 갖고 있기 때문이다. HTML에서는 h1, h2, h3…, p 등 문서의 위계에 관한 태그가 있다. 이 태그들과 조합하기만 하면 된다. 다음 예를 보자.

【좋은 예】

```
<html>
<head>
    <style>
        h1.title { font-size : 2em ... }
        ...
    </style>
...
</head>
<body>
    <h1 class="title">개발자의 글쓰기</h1>
    <h2 class="title">소프트웨어 엔지니어를 위한 테크니컬 라이팅</h2>
    <p class="title">개발자라면 이거 모르고 쓰지 마오!</p>
</body>
</html>
```

이름 하나만 지으면 기존 태그와 조합해 h1.title, h2.title, p.title, img.title과 같이 사용할 수 있다.

easy to Agree: 수긍하기 쉽게 이름 짓는 법

수긍할 수 있는 이름이란 누가 보더라도 그렇게 짓는 것이 더 낫다고 동의하는 이름이다. 이름 그 자체의 논리적 정합성이 있느냐 없느냐가 아니라 그 상황에서 그런 이름을 쓰는 것이 마땅하다고 생각할 수 있어야 하는 것이다. 예컨대 한국에서 김철수라는 이름을 쓰는 것은 아무렇지도 않다. 하지만 한국어를 쓰지 않는 외국에서는 차라리 영어식 이름 Charley를 쓰는 것이 소통하기에 더 낫다.

루프에서 카운트로 i, j, k를 써야 하는지 말아야 하는지도 이런 관점에서 봐야 한다. 다음과 같은 코드가 있다면 누구나 i, j, k에 기겁해서 쓰지 말자고 주장할 것이다.

[안 좋은 예]

```
for(int i = 0; i < 9; ++i) {
    for(int j = 0; j < 9; ++j) {
        for(int k = 0; k < 9; ++k) {
            for(int l = 0; l < 9; ++l) {
                for(int m = 0; m < 9; ++m) {
                    ...
```

다른 경우를 보자. 코드의 유효범위가 좁고 직관적으로 알 수 있다면 군이 i를 새로 이름 지어서 사용할 필요가 없다. 예를 들어 다음 코드가 특정 함수 안에서만 일시적으로 사용된다면 과연 indexOfNewEmployeeOfThisMonth라고 군이 긴 이름을 지을 필요가 있을까?

[안 좋은 예]

```
for(int indexOfNewEmployeeOfThisMonth = 0; indexOfNewEmployeeOfThisMonth
< 9; ++indexOfNewEmployeeOfThisMonth)
    {
        ...
    }
```

이름을 짓는 것도 일이다. 일을 효율적으로 해야 하는 것처럼 이름 짓기도 효율적으로 해야 한다. 이름은 대상을 구별하기 위한 것이다. 구별할 필요가 없는 것에까지 이름을 새로 지을 필요는 없다.

easy to Remember: 기억하기 쉽게 이름 짓는 법

여러분이 10분 전에 객체 이름을 몇 개 새로 지었다고 하자. 이제 컴퓨터를 끄고 그 이름을 떠올려 보자. 여기서 중요한 것은 몇 개를 기억하느냐가 아니다. 어떤 이름을 기억해내느냐가 중요하다.

군대 식당에서 점심을 먹고 연병장을 걸어 막사로 들어가는 군인들에게 방금 점심으로 무엇을 먹었냐고 물어보면 열 명 중 절반 이상은 대답을 못 한다. 그 이유는 간단하다. 일상적이고 평범하고 무난한 점심은 뇌가 기억하지 않는다. 스스로 에너지를 효율적으로 사용하려는 뇌의 본능 때문이다.

반대로 얘기하면 비범하고 색다르고 인상적인 점심은 뇌가 스스로 기억해낸다. 배우자와 처음 먹은 음식, 처음 여행한 장소, 프러포즈했을 때 줬던 꽃이나 선물 같은 것은 누구나 기억해낸다.

뇌는 감각적인 것을 좋아한다. 감각적인 단어는 그렇지 않은 단어보다 기억하기가 쉽다. 특히 시각적으로나 청각적으로 완결된 단어가 그렇지 않은 단어보다 더 잘 기억된다. 다음 예를 보고 눈을 감은 뒤 기억나는 단어를 말해보자.

- MPPMAOO
- POMAMPO
- TRQWYE
- QWERTY

앞의 두 단어^{MPPMAOO, POMAMPO}와 뒤의 두 단어^{TRQWYE, QWERTY}는 보다시피 같은 철자로 구성돼 있다. 하지만 글자의 위치와 자음 모음 배열에 따라 기억할 수 있는 단어와 기억할 수 없는 단어로 나뉜다. 특히 약자를 쓸 때 시청각적으로 완결시키면 더 잘 기억하게 되어 있다.

직원 기본 정보를 클래스로 만든다고 해 보자. 그래서 영어로 Basic Information of Employee로 번역한 뒤 각 단어 첫 글자만 따서 BIE라고 만들 수 있다. 하지만 전치사 of의 첫 글자를 붙여서 BIOE라고 만들 수도 있다. 어떤 것이 더 기억에 남겠는가?

- BIE: 바이? 비이? 바이이?

- BIOE: 바이오 이

시청각적으로 잘 지은 이름은 보통 이렇게 연상어를 떠올려서 기억할 수 있게 돕는다.

비록 시각적으로는 좋지 못한 이름이어도 익숙해지면 기억하기 쉽다. 신세계 온라인 쇼핑몰 SSG는 '쓱'으로 광고했다. 그래서 이제 SSG를 기억해내기가 어렵지 않다. SBS뉴스를 '스브스뉴스'라고 하는 것도 비슷한 예다. SAP는 '에스에이피'라고 읽지 않고 '샙'이라고 읽는다. 아마존웹서비스^{AWS}의 인터넷 스토리지 서비스 이름은 원래 Simple Storage Service다. 이것을 줄여서 S3로 쓴다. PHP나 ASP, PNG나 GIF도 마찬가지다.

간혹 프로그래밍 언어를 처음 가르칠 때 쓰는 HelloWorld를 Welcome Korea 같은 것으로 바꿔 쓰기도 하는데, 이건 정말 잘못되고 불필요한 일이다. HelloWorld는 비 개발자가 볼 때는 그냥 '안녕, 세계'란 뜻이지만, 개발자가 볼 때는 프로그래밍 언어를 배울 때 처음 만들어보는 기본 예제이기 때문이다.

개발자만 보는 개발 관련 문서라면 보편적으로 쓰는 이름은 그대로 써도 무방하다. 굳이 자기만의 센스를 발휘해서 바꿀 필요가 없다. 예를 들어 char, short, long, long long을 int8, int16, int32, int64로 애써 바꿀 필요가 없다. 마치 부모님께 받은 성을 바꾸지 않고 이름에 붙여 쓰듯이, 이미 널리 알려진 용어는 그냥 쓰는 것이 효율적이다.

easy to Type: 입력하기 쉽게 이름 짓는 법

인터넷 시대가 도래했을 때 사람들이 오타를 가장 많이 내는 것은 'ㅈㅈㅈ'이었다. 한글 자판으로 놓고 'www'를 쳤을 때 나오는 글자다. 개발자들은 아마 '냘 ~ 소두(if ~ then)'를 많이 입력했을 것이다.

사실 좋은 이름이라고 해서 자판으로 입력하기 쉬워야 하는 것은 아니다. 하지만 필자를 비롯한 수많은 개발자가 success를 쓸 때 sucess라고 쓰거나 succes로 쓴 적이 있고, 그때마다 생기는 버그 때문에 개발을 그만두고 싶을 때가 있었을 것이다.

물론 요즘은 개발 도구에서 자동완성을 지원하니 이 문제를 이렇게까지 고민할 필요는 없을 것이다. 하지만 다른 개발자와 말로도 주고받을 이름이라면 한 번쯤은 이런 오탈자를 고려한 후 이름을 짓는 것이 좋다고 생각한다.

예를 들어, `KakaoMessageTemplateButtonObject`를 줄여서 `KMTButtonObject`라고 이름 짓는다고 하자. 그런데 사람들은 Button을 Buton으로 잘못 타이핑하는 경우가 많다. 그래서 차라리 `KMTBtnObject`로 바꾸는 것도 나쁘지 않은 방법이다.

아마 오탈자로 가장 유명한 것은 HTTP Referer일 것이다. 원래 Referrer인데 RFC 문서에서 r을 하나 빼먹어서 쓰는 바람에 이후에 모두 Referer로 쓴다.

입력하기 어려운 단어로는 lambda^{람다}도 있다. 람다 함수, 또는 서버리스 개발 프레임워크인 lambda는 가운데 b가 묵음이다. 아무도 '람브다'라고 읽지 않는다. 그래서 이 단어를 타이핑하다 보면 자기도 모르게 lamda로 입력하기도 한다(개발 경력이 오래됐다면 lambada로 입력할지도 모른다).

자주 사용되거나 중요한 이름이라면 입력하기 쉬운지, 오타를 낼 가능성이 작은지, 다른 사람에게 말로 전달하기 쉬운지 검토해 보는 것이 좋다. 참고로 다음은 자판으로 입력할 때 잘 틀리는 단어의 예다.

- **연속된 철자**: successes, classes, committee, parallel

- **묵음**: lambda, thumbnail, debt

- ie/ei: chief, receive, retrieve, friends, achieve

- sion/tion: position, commission

- uous/ous/us: continuous, fabulous, genius

04
좋은 코드에는 주석이 없다?

이름을 잘 지으면 주석을 줄일 수 있다

앞 장에서 변수, 함수 등의 이름을 짓는 법을 설명했다. 사실 이름을 잘 지으면 주석을 대폭 줄일 수 있다. 이름이 주석이 할 일을 대신하기 때문이다. 다음 예를 보자.

【안 좋은 예】

```
// 스크린 최대 높이를 480으로 지정함
int h = 480
```

변수 h의 값을 480으로 지정한 이유를 주석으로 썼다. 이렇게 주석을 쓴 이유는 변수 h가 스크린의 최대 높이라는 의미를 제대로 전달하지 못하기 때문이다. 처음부터 변수 이름을 최대 높이로 지으면 의미가 충분히 전달되므로 주석을 쓸 이유가 없다.

【좋은 예】

```
int screenHeightMax = 480
```

예를 하나 더 보자.

```
// 사용자 유형을 분류해서 등급 값을 리턴함
levelUser()
```

leveUser()라는 함수를 설명하기 위해 주석으로 '사용자 유형을 분류해서 등급 값을 리턴함'이라고 썼다. 이런 경우라면 처음부터 주석의 내용을 함수 이름으로 지으면 된다.

【좋은 예】

```
classifyUserAndReturnClass()
```

처음부터 주석 없이 코딩하는 연습을 하자

JSON^{JavaScript Object Notation}에는 주석을 달 수 없었다. JSON 자체가 함수 없이 키^{key}와 값^{value}으로만 이뤄지기 때문이다. 그래서 키 이름을 잘 정하기만 하면 주석을 쓸 이유가 없다. JSON5에 주석을 단 다음 예를 보자.

```
{
  "Ok": true, // 요청에 대한 성공/실패 여부를 구분합니다. true: 요청 성공,
false: 요청 실패
  "Value": { // 요청에 대한 결과가 유형별로 Key-Value 배열 형식으로
표시됩니다.
    "success": [ // 구독자 추가 성공
      {
        "email": "string",
        "name": "string"
      }
    ],
```

```
  "update": [ // 이미 있는 구독자, 나머지 필드를 업데이트함.
    { ... }
  ],
  "failDeny": [ // 수신거부 상태의 구독자, 추가하지 않음.
    { ... }
  ],
  "failWrongEmail": [ // 잘못된 이메일 주소 형식, 추가하지 않음.
    { ... }
  ],
  "failUnknown": [ // 알 수 없는 오류로 추가하지 않음.
    { ... }
  ]
 }
}
```

먼저 첫 번째 주석을 보자.

【안 좋은 예】

```
"Ok": true, // 요청에 대한 성공/실패 여부를 구분합니다. true: 요청 성공,
false: 요청 실패
```

키가 OK고, 값은 true나 false다. 처음부터 키를 'isRequestSuccess'로 정하면
'요청에 대한 성공'이라는 말이 필요하지 않다. 'is' 접두사 자체가 true 아니면
false를 반환하니 true가 성공이고 false가 실패라는 말도 필요하지 않다.

【좋은 예】

```
"isRequestSuccess": true,
```

두 번째 주석은 JSON의 문법을 설명한다. 이 코드를 보는 사람이 JSON 문법
의 기초도 모르고 읽지는 않을 것이다. 주석이 언어의 문법까지 일일이 설명

할 필요는 없다. 정말로 필요하다면 코드 사이가 아니라 코드를 시작하기 전에 알려줘야 한다.

【안 좋은 예】

```
"Value": { // 요청에 대한 결과가 유형별로 Key-Value 배열 형식으로 표시됩니다.
```

【좋은 예】

```
"Value": {
```

세 번째 주석부터는 success, update, failDeny, failWrongEmail, failUnknown이라는 다섯 가지 경우를 설명한 것이다.

【안 좋은 예】

```
"success": [ // 구독자 추가 성공.
],
"update": [ // 이미 있는 구독자, 나머지 필드를 업데이트함.
],
"failDeny": [ // 수신 거부 상태의 구독자, 추가하지 않음.
],
"failWrongEmail": [ // 잘못된 이메일 주소 형식, 추가하지 않음.
],
"failUnknown": [ // 알 수 없는 오류로 추가하지 않음.
]
```

첫 번째 키를 보면 success라 이름 짓고 주석으로 '구독자 추가 성공'이라고 썼다. 그럼 뒤에 나오는 update는 실패인가? 분명 아닐 것이다. 여기서는 구독자가 없으면 새로 등록하고 구독자가 있으면 구독자 정보를 갱신하는 것이므로, success와 update가 아니라 create와 update로 표현하는 것이 옳다.

update의 경우에도 이메일을 제외한 나머지 필드를 업데이트한다고 했으니 키 이름을 updatedInformationExceptEmail로 쓰면 주석이 필요하지 않다.

나머지 세 가지는 모두 구독자로 추가되지 않는 경우다. 하지만 키 이름에 'fail'을 쓰는 바람에 fail을 설명하기 위해 주석에 '추가하지 않음'을 일일이 다 쓴 것이다. 이 경우에는 키 이름에 noCreated를 붙이기만 하면 된다.

【좋은 예】

```
"created": [
],
"updatedInformationExceptEmail": [
],
"noCreatedBecauseUnsubscriber": [
],
"noCreatedBecauseWrongEmail": [
],
"noCreatedBecauseUnknownError": [
]
```

주석이 필요한 때도 많다

'updatedInformationExceptEmail'을 보면 우리말로 '이메일 정보는 빼고 나머지 정보가 업데이트됨'이라고 해석할 수 있는 사람이 있고, 'except'가 뭔지 몰라서 해석을 못 하는 사람도 있다.

개발자마다 영어 실력에 차이가 있어서 누구에게는 쉬운 단어라도 누구에 게는 처음 보는 단어일 수도 있다. 어순을 잘못 이해하면 전혀 엉뚱하게 생각하기도 한다. 그래서 본인의 영어 실력이 아무리 좋아도 영어를 잘 모르는 개발자들과 일하려면 어쩔 수 없이 영어 코드에 한글 주석을 주렁주렁 달 수밖에 없다. 본인의 영어 실력이 별로라면 어쩔 수 없이 주석을 달아야 한다.

다음 예를 보자. checkUsername() 함수에는 사용자 이름이 3글자 이하인지 체크하는 기능이 있어서 다음과 같이 주석을 썼다.

```
checkUserName() // 사용자 이름이 3글자 이하인지 체크
```

이 주석을 없애기 위해 다음과 같이 함수 이름을 바꿨다고 하자. 그러면 주석이 없어도 될까?

```
checkUserNameUnder3Characters()
```

위에서 사용자 이름이 3글자 이하라고 했다. 3글자 이하는 다음과 같이 쓴다.

- 3 and under
- 3 or less
- 3 or below

3글자 미만은 다음과 같이 쓴다.

- under 3
- below 3
- less than 3

예문의 checkUserNameUnder3Characters()는 3글자 이하가 아니라 3글자 미만을 의미한다. 즉, 영어를 잘 못하는 개발자끼리는 그냥 3글자 이하라고 생각하고 넘어갈 수 있지만, 영어를 잘하는 개발자라면 당연히 3글자 미만이라고 생각할 것이다. 이런 점이 불안한 개발자는 다음과 같이 함수 옆에 또 주석을 붙여야 한다.

```
checkUserNameUnder3Characters() // 3글자 이하인지 체크
```

좋은 의미로 생각하면, 영어 실력이 낮으면 한글 주석으로 한 번 더 설명함으로써 잘못된 영작문이나 실수를 줄일 수 있다. 즉, 주석이 코드의 정확성을 높이고 버그를 줄이는 계기가 된다는 얘기다.

주석이 아무짝에도 소용없다고 생각할 필요는 없다. 주석이 제 역할에만 충실하다면 많고 적고는 상관없다.

05
다른 개발자를 배려하는 주석 쓰기

코드는 의미를, 주석은 의도를

글은 의미를 전달하는 수단이다. 코드도 마찬가지다. 예를 들어 밥 먹자는 의미를 가진 함수의 이름을 letsEatSomething()으로 지었다고 하자. 그런데 개발자의 의도는 다음 중 하나였다고 하자.

- "나는 배가 고프다. 밥 먹자"

- "네가 배가 고파 보인다. 밥 먹자."

- "심심하다. 밥이나 먹자."

문제는 letsEatSomething() 자체는 개발자의 의도를 전달할 수 없다는 것이다. 그렇다고 해서 다음과 같이 일일이 의도를 함수 이름에 포함할 수는 없다. 코드 자체가 너무 지저분해지고 가독성이 현저히 떨어지기 때문이다.

【안 좋은 예】

```
imHungrySoLetsEatSomething()
youAreHungrySoLetsEatSomething()
imBoredSoLetsEatSomething()
```

그래서 코드에 표현하지 못한 어떤 의도를 전달해야 할 때는 주석을 쓸 수밖에 없다.

【좋은 예】

```
letsEatSomething() // 내가 배가 고픈 상황
letsEatSomething() // 네가 배가 고픈 상황
letsEatSomething() // 내가 심심한 상황
```

개발자가 어떤 의도를 전달하는 이유는 다른 개발자를 위한 것이다. 코드를 왜 이렇게 작성했는지 설명하고 뜻밖의 발견을 제시하거나 새로운 아이디어를 보여주거나 어떤 방법이 더 좋은지 알려주는 것은 모두 다른 개발자를 배려하는 마음이다. 예를 들면 다음과 같은 것이 있다.

【이유를 알려주는 것】

```
// 모바일에서 테스트했더니 0.5 이상은 품질 차이가 없었다.
// 로딩 속도는 2배 빨랐다.
// 사용자에게 정수형 등급 값이 없으면 DB 오류가 생기므로 가상의 사용자는
null 대신 0등급을 사용하기로 팀에서 정했음.
```

【개발자가 새롭게 발견한 것】

```
// 놀랍게도 이 방식이 기존보다 결괏값을 2배 빠르게 보여준다.
// 난 단지 순서만 바꿨을 뿐이다.
```

【예상 질문과 답】

```
// 잘 보면 왜 마지막 대화 ID를 기록하는지 궁금할 것이다.
// 팀 사이트에서 LastTalkId 변수를 검색해서 확인하자.
```

【할 일이나 주의, 개선 아이디어를 주는 것】

```
// TODO: 동영상이 아닌 동영상 확장자를 확인하는 기능을 넣을 것
// XXX: null이 입력되면 무한 루프가 발생할 가능성이 있음
// HACK: 이 스크립트는 받는 페이지에서 처리하는 것이 낫다.
// 이 버튼은 한 번만 호출하면 됩니다.
```

【다른 사람에게 보완을 요청하는 것】

```
// 전역변수를 잘못 쓰면서부터 이 클래스는 엉망이 되었다.
// 누가 좀 고쳐서 깃허브에 올려달라.
```

【개발자의 속마음을 표현한 것】

```
// 솔직히 이 코드는 마음에 안 든다.
// 팀의 컨벤션만 아니라면 클래스명부터 바꿨을 것이다.
```

주석의 반복

개발 가이드 문서를 찬찬히 읽다 보면 같은 주석이 수없이 반복되는 것을 볼 수 있다. 예를 들어, 다음은 실제 개발 가이드 문서다. 처음에는 카카오링크 버튼을 생성하는 방법을 설명하면서 Kakao.init('YOUR APP KEY') 코드에 "사용할 앱의 JavaScript 키를 설정해 주세요."라고 주석을 달았다.

그리고 바로 이어서 카카오링크를 전송하는 방법을 설명하는데, 여기서도 같은 코드가 있어서 같은 주석을 반복해서 썼다.

```
<script type='text/javascript'>
// 카카오링크 버튼 생성하기

// 사용할 앱의 JavaScript 키를 설정해 주세요.
Kakao.init('YOUR APP KEY');
```

```
// 카카오링크 버튼을 생성합니다. 처음 한 번만 호출하면 됩니다.
Kakao.Link.createDefaultButton({
...
});
</script>

...

<script type='text/javascript'>
// 카카오링크 전송하기

// 사용할 앱의 JavaScript 키를 설정해 주세요.
Kakao.init('YOUR APP KEY');
// 카카오링크를 전송합니다.
function sendLink() {
...
};
</script>
```

같은 말을 두 번, 세 번 듣고 싶은 사람은 없다. 마찬가지로 같은 코드에 똑같은 주석을 매번 보고 싶은 개발자도 없다. 게다가 주석 때문에 문서가 깔끔하지 못하고 길어져서 읽는 데 시간만 더 든다. 문서가 한 장밖에 되지 않고 누구나 처음부터 읽기 시작한다면 이렇게 주석을 반복해서 쓸 필요가 없다. 전혀 효율적이지 않다. 문서를 작성한 개발자도 귀찮았을 터다. 어쩌면 복사해서 붙여넣기 하는 과정에서 주석이 딸려왔다고 보는 사람도 있을 것이다.

하지만 코드를 처음부터 읽지 않고, 필요할 때 특정 함수를 검색해서 보는 경우를 생각해 보자. 예를 들어, 네이버 개발자센터나 카카오 개발자센터에서 HTML로 된 개발 가이드 문서를 보고 있다고 하자. 대부분 이런 문서는 처음부터 차근차근 읽지 않는다. 목차를 보고 원하는 페이지로 바로 이동하거나 검색창에서 특정 단어를 검색해서 예제를 보고 바로 따라 하는 경우가 대부분이다.

이런 독자들을 위해서는 같은 주석이라도 반복해서 써야 한다. 그래야 해당 코드를 바로 이해할 수 있다. 그 주석이 언제 어떻게 읽히는지에 따라 반복해서 쓸 것인지를 결정해야 한다. 무조건 처음 한 번만 쓰고 같은 내용이 반복되는 주석을 지워야만 좋은 것은 아니다.

주석의 발췌와 요약

발췌는 중요한 것을 뽑아내는 것이다. 중요한 것을 뽑으려면 덜 중요한 것을 빼야 한다. 다음 예를 보자. 카카오 서비스를 이용하는 데 필요한 여러 모듈과 주석이 계속 반복해서 나온다.

```
dependencies {
    // 카카오 로그인 sdk를 사용하기 위해 필요.
    compile group: 'com.kakao.sdk', name: 'usermgmt', version:
project.KAKAO_SDK_VERSION

    // 카카오링크 sdk를 사용하기 위해 필요.
    compile group: 'com.kakao.sdk', name: 'kakaolink', version:
project.KAKAO_SDK_VERSION

    // 카카오톡 sdk를 사용하기 위해 필요.
    compile group: 'com.kakao.sdk', name: 'kakaotalk', version:
project.KAKAO_SDK_VERSION

    // 카카오내비 sdk를 사용하기 위해 필요.
    compile group: 'com.kakao.sdk', name: 'kakaonavi', version:
project.KAKAO_SDK_VERSION

    // 카카오스토리 sdk를 사용하기 위해 필요.
    compile group: 'com.kakao.sdk', name: 'kakaostory', version:
project.KAKAO_SDK_VERSION
```

```
    // push sdk를 사용하기 위해 필요.
    compile group: 'com.kakao.sdk', name: 'push', version:
project.KAKAO_SDK_VERSION
}
```

가이드 문서 특성 때문에 이렇게 줄마다 같은 내용의 주석을 다는 것을 이해할 수는 있다. 하지만 카카오링크, 카카오톡, 카카오내비, 카카오스토리 같은 것은 카카오가 제공하는 서비스 이름이라는 것을 누구나 알 수 있다. 처음부터 그 서비스를 이용하기 위해 보는 것이니 말이다.

하지만 usermgmt와 push는 서비스 이름이 아니니 설명이 필요하다. 이 두 개만 발췌하고 나머지는 요약하자.

```
dependencies {
    // 카카오 로그인 SDK 사용.
    compile group: 'com.kakao.sdk', name: 'usermgmt', version:
project.KAKAO_SDK_VERSION
    // push SDK 사용.
    compile group: 'com.kakao.sdk', name: 'push', version:
project.KAKAO_SDK_VERSION
    // 그 외는 서비스 이름 사용.
    compile group: 'com.kakao.sdk', name: 'kakaolink', version:
project.KAKAO_SDK_VERSION
    compile group: 'com.kakao.sdk', name: 'kakaotalk', version:
project.KAKAO_SDK_VERSION
    compile group: 'com.kakao.sdk', name: 'kakaonavi', version:
project.KAKAO_SDK_VERSION
    compile group: 'com.kakao.sdk', name: 'kakaostory', version:
project.KAKAO_SDK_VERSION
}
```

예를 하나 더 보자.

```
// 사용자가 레벨업하려면 로그인을 10회 이상하고 게시물을 5개 이상
작성해야 한다.
if(user.getLoginCount() > = 10 && user.getOwnArticleCount() >= 5)
{
    int level = user.getlevel();
    user.setLevel(level++);
}
```

예문의 주석은 함수의 조건문을 그대로 설명한다. 그런데 잘 보면 승급 조건
을 설명한 것이다. 승급 조건과 승급이라는 상위 개념을 사용하면 불필요한
주석이 없어도 훨씬 빠르게 이해할 수 있다.

```
// 승급 조건이 되면 승급한다.
if(user.getLoginCount() > = 10 && user.getOwnArticleCount() >= 5)
{
    int level = user.getlevel();
    user.setLevel(level++);
}
```

하지만 실제로는 다음과 같이 리팩토링해서 주석을 없애는 편이 더 좋은 방법
이다.

```
if(user.enoughToLevelUp())
{
    user.levelUp();
}
```

주석도 코드다

비슷한 코드와 주석을 반복하다 보면 복사해서 붙여넣은 뒤 수정하는 과정에서 실수할 때가 종종 있다. 이때 잘못 쓴 코드는 디버깅으로 바로잡을 수 있지만, 잘못 쓴 주석은 개발자가 신경 쓰지 않으면 결코 바로잡을 수 없다.

예를 들어 다음은 실제로 카카오 개발자센터에서 캡처한 화면이다. 첫 번째 화면의 두 번째 주석을 보면 카카오링크 버튼을 생성한다고 쓰여 있고 createDefaultButton을 설명한다. 그런데 두 번째 화면의 두 번째 주석을 보면, 주석은 같은데 실제 코드는 링크를 보내는 sendLink()다. 주석을 미처 바꾸지 못한 것이다.

```html
<script type='text/javascript'>
//<![CDATA[
// // 사용할 앱의 JavaScript 키를 설정해 주세요.
Kakao.init('YOUR APP KEY');
// // 카카오링크 버튼을 생성합니다. 처음 한번만 호출하면 됩니다.
Kakao.Link.createDefaultButton({
  container: '#kakao-link-btn',
  objectType: 'feed',
  content: {
```

```html
<script type='text/javascript'>
//<![CDATA[
// // 사용할 앱의 JavaScript 키를 설정해 주세요.
Kakao.init('YOUR APP KEY');
// // 카카오링크 버튼을 생성합니다. 처음 한번만 호출하면 됩니다.
function sendLink() {
  Kakao.Link.sendDefault({
    objectType: 'feed',
    content: {
```

개발자도 사람이어서 급하게 코드를 수정하다 보면 주석까지 일일이 수정하기가 여간해서는 쉽지 않다. 아무리 IDE가 발전했어도 아직 주석을 디버깅하는 기능은 없다. 그래서 이렇게 잘못된 주석이 늘어나고, 그러다 보니 개발자가 주석을 믿지 않는 풍토가 생기고, 그러니 더 주석에 신경 쓰지 않게 된다.

개발자 사이트의 개발가이드나 API 레퍼런스 문서를 읽는 독자도 잘못된 주석을 보고 또 틀렸겠지 생각하고 말거나, 주석이 뭐가 잘못됐는지조차 모른 채 코드만 보고 넘어가기도 한다. 독자가 따로 지적하지 않으니 개발자든 관리자든 주석 가지고 다투지도 않는다. 이렇게 주석은 악순환의 늪에 빠진다.

주석의 악순환에서 벗어나는 가장 좋은 방법은 주석도 코드라고 생각하는 것이다. 코드 리뷰를 하면서 주석 리뷰도 꼼꼼히 해야 한다. 불필요한 주석은 없애고, 꼭 필요한 주석은 반드시 코드처럼 다뤄야 한다.

어쩌면 인공지능과 맞춤법 검사기를 활용해 주석을 자동으로 디버깅하는 기술이 언젠가는 나올 것이다. 그때쯤 되면 주석 쓰기도 자동 추천이 되고, 주석과 코드의 상관관계를 분석해서 오류를 찾아낼 수도 있을 것이다.

실제로 필자도 주요 개발자 사이트에 올라온 문서에서 주석을 추출해 주석 빅데이터를 만들려고 했다. 그러면 주석을 자동으로 추천하거나 주석을 써야 할지 말아야 할지를 알려주는 서비스를 제공할 수 있겠다 싶었다. 이런저런 사정으로 이 생각을 실행하지는 못했다. IDE를 개발하는 기업이 꼭 연구하고 만들어서 제공해주면 좋겠다.

3장

사용자와 소통하는 에러 메시지 쓰기

01

에러 메시지를 쓰기 전에 에러부터 없애자

친절한 404, 불친절한 404

사용자가 보는 화면은 UI/UX 디자이너가 만든 것이다. 사용자가 읽는 메뉴 이름이나 콘텐츠는 기획자가 만든 것이다. 사용자는 디자이너와 기획자의 산출물을 보며 서비스를 이용하지만 개발자의 산출물 그 자체를 볼 수는 없다. 물론 인터넷 브라우저에서 HTML 소스는 볼 수 있지만 이렇게까지 소스를 보는 사용자라면 소스를 참고하거나 에러를 찾으려는 개발자 쪽에 더 가깝다.

그런데 사용자가 어떤 의도 없이도 개발자의 산출물을 적나라하게 볼 때가 있다. 바로 에러 메시지가 뜰 때다. 가장 대표적인 것은 "요청하신 페이지를 찾을 수 없습니다", 즉 HTTP 404 에러 메시지다. 이 메시지는 클라이언트가 서버와 통신할 수는 있지만 서버가 요청한 페이지를 찾을 수 없다는 것을 가리키는 HTTP 표준 응답 코드다. 예를 들어, 다음 그림은 구글에서 임의의 URL(https://www.google.com/404)로 접속했을 때 나오는 404 에러 페이지다.

Google

404. That's an error.

The requested URL /404 was not found on this server.
That's all we know.

구글의 404 에러 페이지는 구글의 컨셉만큼이나 단순하다. 구글 로고와 부서진 로봇 이미지, 페이지를 찾을 수 없다는 메시지, 그리고 "That's all we know^{우리가 아는 건 그게 다야}"라고 표현한 문장이 전부다.

어떤 사람은 구글이 아주 쿨하다고 생각할지 모른다. 하지만 어떤 사람은 구글이 너무 불친절하다고 생각할지도 모른다. 예를 들어, 위키피디아에서 똑같이 404 에러를 만난 뒤 구글을 보면 구글이 너무 한심스럽다는 생각이 들 수도 있다. 다음은 위키피디아의 404 에러 페이지(https://www.wikipedia.com/404)다.

Page not found

/404

We could not find the above page on our servers.

Did you mean: /wiki/404

Alternatively, you can visit the Main Page or read more information about this type of error.

위키피디아의 404 에러 메시지는 세 가지로 구성돼 있다. 처음 3줄에서는 해당 페이지를 찾을 수 없음을 알려준다. 다음 줄에서는 사용자가 의도한 URL을 추측해서 제안한다(Did you mean: /wiki/404). 마지막 줄에서는 첫 화면으로 이동하는 링크와 404 에러에 대한 상세 내용을 담은 위키피디아 페이지(https://en.wikipedia.org/wiki/HTTP_404)로 이동하는 링크를 제공한다.

구글에 비하면 우리나라 사이트는 아주 친절하다. 특히 고객센터가 잘 발전한 나라답게 대부분 고객센터 링크를 덧붙인다. 다음은 다음^{Daum}과 YES24의 404 페이지다.

404 에러가 죄송할 일인가?

그런데 여기까지는 보통 페이지를 찾을 수 없다는 사실과 내용, 그리고 대안을 제시한다. 하지만 네이버의 404 에러 페이지를 보자. 네이버는 처음부터 죄송하다고 말하고 시작한다.

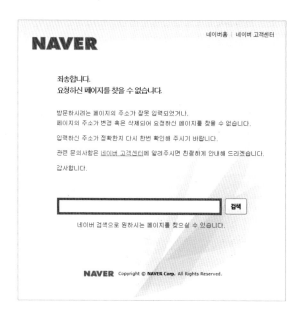

게임 업계 1위 넷마블도 마찬가지다. 불편을 드려 죄송하다고 말한다.

우리은행도 마찬가지다.

사용자가 404 에러 페이지를 만나는 것을 죄송하게 생각한다면 당연히 사용자가 404 에러 페이지를 만나지 않게 만들어야 한다. 사용자가 404 에러 페이지를 만나는 경우는 다음과 같이 두 가지밖에 없다.

1. 사용자가 URL을 잘못 입력한 경우
2. 사용자가 링크를 클릭했으나 해당 페이지가 없는 경우

첫 번째 경우는 죄송할 이유가 없다. 사용자가 URL을 잘못 입력한 것이어서 사용자의 문제다. URL을 잘못 알려준 사람과 잘못 알아들은 사람의 문제일 뿐이다. 필자가 테스트한 것처럼 아무 사이트에나 들어가서 'http://www.OOOO.com/404'라고 입력하고 일부러 404 에러 페이지를 찾아냈는데, 굳이 개발자의 사과를 받을 이유는 없다.

문제는 두 번째 경우다. 링크가 있어서 클릭했는데 해당 페이지가 없는 경우다. 이것을 깨진 링크^{broken link}, 또는 죽은 링크^{dead link}, 나쁜 링크^{bad link}라고 한다. 문제는 이런 깨진 링크를 개발자들이 내버려 두는 데 있다.

깨진 링크는 개발자의 책임이다

정상적인 경우라면 사용자가 링크를 클릭했을 때 해당 페이지를 찾을 수 없는 경우는 없어야 한다. 그러려면 깨진 링크를 미리 찾아서 수정해야 한다. 그러니 깨진 링크가 있다는 것은 개발자가 자기 소임을 다하지 못했다는 뜻이다.

사이트 안에서 링크로 연결되다 깨진 것은 깨진 링크를 찾아내는 서비스를 이용하면 금방 확인할 수 있다. 예를 들어 브로큰링크체크닷컴(https://www.brokenlinkcheck.com)에 들어가서 홈페이지 주소를 넣고 체크하면 깨진 링크를 자동으로 찾아준다. 필요하다면 유료 서비스를 이용하는 것도 좋은 방법이다.

사이트 안에서 링크로 연결되다 깨진 것도 문제지만 요즘은 다른 사이트에서 연결된 링크가 깨진 경우가 더 큰 문제다. 특히 검색 엔진이 페이지를 수집했는데, 이후에 페이지 URL이 바뀌거나 페이지를 삭제했는데도 검색 엔진에 원래 페이지를 그대로 갖고 있다가 링크로 연결하는 경우가 있다.

이때는 검색 엔진마다 제공하는 도구를 사용하면 깨진 링크를 없앨 수 있다. 예를 들어, 구글 서치콘솔(https://www.google.com/webmasters/tools/)을 이용하면 구글 검색 엔진에서 특정 사이트의 깨진 링크를 쉽게 찾아낼 수 있다. 다음 그림은 구글 서치콘솔에서 필자가 운영하는 워드프레스 블로그의 깨진 링크를 확인한 결과다. 이렇게 깨진 링크를 확인해 하나씩 수정하면 404 에러 페이지에서 죄송할 일은 사라진다.

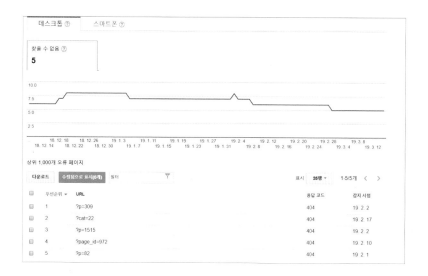

개발자용 에러 메시지와 사용자용 에러 메시지를 분리하자

개발하다 보면 개발자용 에러 메시지와 사용자용 에러 메시지를 섞어서 쓰곤
한다. 보통은 로그를 사용하지만 가끔 알림창을 쓸 때도 있다. 예를 들어 다음
과 같은 에러 메시지를 알림창으로 띄워서 개발하다가 미처 지우지 못해서 사
용자가 볼 때도 있다.

이런 경우를 피하려면 처음부터 개발자용 에러 메시지와 사용자용 에러 메시
지를 분리해 작성하는 것이 좋다. 예를 들어 C에서 #define 전처리기를 이용
해 매크로로 처리하면 여러 에러 메시지를 한 번에 쉽게 관리할 수 있다.

```
#define ERROR_MESSAGE_FOR_USER_911 "현재 개발 중인 기능이어서 에러가
생길 수 있습니다. 양해 부탁합니다."
#define ERROR_MESSAGE_FOR_DEVELOPER_911 "code:911\n이거 나오면
야근.ㅠㅠ."

#define SHOW_ERROR_MESSAGE_FOR_USER_911 printf("현재 개발 중인
기능이어서 에러가 생길 수 있습니다. 양해 부탁합니다.")
#define SHOW_ERROR_MESSAGE_FOR_DEVELOPER_911 printf("code:911\n이거
나오면 야근.ㅠㅠ.")
```

사용자 에러 메시지를 제대로 쓰는 법

사용자 에러에 대처하는 메시지

사용자가 개발자의 의도대로 프로그램을 사용해야 하는데, 실제로는 그렇지 않은 경우가 많다. 예를 들어 사용자가 회원가입을 할 때 아이디를 잘못 입력하거나 반드시 입력해야 하는 항목을 비운 채로 확인이나 다음 버튼을 클릭하는 경우다.

이런 경우에 아무런 작동도 하지 않고 메시지도 없으면 사용자는 불편해서 서비스를 이용하지 않거나 항의하거나 다른 사용자에게 불평한다. 그래서 개발자는 이러한 사용자 에러가 발생하면 알림창을 이용해 에러가 발생했음을 알리는 메시지를 보여줘서 사용자가 바른 행동을 하도록 유도한다. 예를 들면 회원가입 화면에서 여러 항목을 입력한 뒤 가입 버튼을 눌렀을 때 비정상적인 상황이 발생했다면 다음과 같이 메시지를 보여준다.

그런데 이렇게만 메시지를 보여주면 사용자는 당황할 수밖에 없다. 그래서 어쩌라는 것인가? 이 메시지는 단지 오류가 발생했음을 알려줄 뿐이고 그 원인은 알 수 없으므로 사용자는 어떻게 해야 할지 막막해진다.

적절한 메시지가 되려면 먼저 사용자가 무엇을 잘못했는지 알려줘야 한다. 휴대전화 번호를 잘못 입력했다면 다음과 같이 휴대전화 번호를 잘못 입력했다고 알려줘야 한다. 즉, 오류의 내용과 오류의 원인을 함께 알려줘야 사용자가 대처할 수 있다.

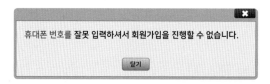

그런데 사용자가 휴대전화 번호를 입력한 항목을 찾아보니 010-0000-XXXX로 정확히 입력했다. 사용자가 볼 때는 정확하게 입력했는데 왜 에러가 생겼는지 모를 일이다.

개발자는 휴대전화 번호이므로 당연히 숫자만 입력해야 한다고 생각했다. 즉, 사용자가 010OOOOXXXX로 쓰는 것이 정상이라고 생각했다. 하지만 이 사용자는 숫자 중간에 붙임표(-)를 썼고, 이 때문에 에러가 생긴 것이다. 그렇다면 개발자는 에러를 해결할 방법을 사용자에게 정확히 알려줘야 한다. 예를 들면 다음과 같다.

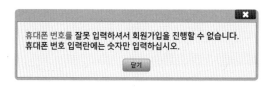

이렇게 보면 에러 메시지의 목적은 사용자에게 에러가 났음을 알려주는 것이 아니라 사용자 스스로 에러를 해결하게 하는 것이다. 따라서 사용자 에러 메시지에는 에러의 내용, 에러의 원인, 에러 해결 방법이 포함돼야 한다.

- **에러 내용**: 오류로 인한 문제와 종류
- **에러의 원인**: 오류를 발생시킨 직접적이고 근본적인 원인
- **에러 해결 방법**: 사용자가 오류를 해결할 가장 쉽고 빠른 방법

앞 예문을 정리하면 다음과 같다.

- [에러 내용] 회원가입을 진행할 수 없습니다.
- [에러 원인] 휴대전화 번호를 잘못 입력하셨습니다.
- [에러 해결 방법] 휴대전화 번호 입력란에는 숫자만 입력하십시오.

에러 메시지를 보여주는 순서

앞의 예에서는 에러의 내용과 원인이 비교적 간단해서 내용, 원인, 해결 방법 순으로 보여줬다.

그런데 에러 내용과 원인이 복잡할 때는 어떨까? 예를 들면 다음과 같은 메시지가 있다고 하자.

1. [에러 내용] 요청하신 아이템의 인계를 시간 내에 처리하지 못했습니다.
2. [에러 원인] 아이템을 인계받을 상대방에게 다른 사용자가 아이템을 인계하는 중이어서 동시에 인계할 수 없습니다.
3. [에러 해결 방법] 3초 후에 다시 시도하십시오.

이 메시지는 두 사람 이상이 거의 같은 시간에 한 사람에게 아이템을 인계하다 보니 큐가 쌓여서 바로 처리하지 못한 경우다. 이때는 보통 시스템에서 큐를 바로바로 처리하므로 네트워크 문제가 아닌 이상 잠시 후에 다시 시도하면

해결된다. 그렇다면 앞에서 에러 내용이나 원인을 먼저 구구절절 말하기보다
는 에러를 해결하는 방법을 먼저 얘기하는 편이 사용자에게 훨씬 낫다. 그리
고 에러 내용보다 에러 원인을 먼저 말하는 것이 낫다. 즉, 다음과 같이 순서
를 바꾸는 것이 더 좋다.

1. [에러 해결 방법] 3초 후에 다시 시도하십시오.

2. [에러 원인] 아이템을 인계받을 상대방에게 다른 사용자가 아이템을 인계하는 중이어서 동
   시에 인계할 수 없습니다.

3. [에러 내용] 요청하신 아이템의 인계를 시간 내에 처리하지 못했습니다.

줄 바꿈을 적절히 활용하는 것도 좋은 방법이다. 예를 들면 다음과 같이 줄 바
꿈할 수 있다.

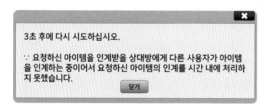

여기서 주의할 점이 있다. 에러 내용과 에러 원인을 합쳐서 쓰다 보면 문장이
복문이 되어 매끄럽지 않을 때가 많다. 이때는 에러 내용을 없애고 원인만 간
단히 써도 해결 방법이 먼저 나오기 때문에 사용자가 충분히 내용을 이해할
수 있다.

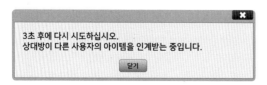

오락가락 메시지와 버튼 메시지

알림창에는 보통 버튼이 한 개 있다. 버튼이 한 개가 있는 경우는 주로 그 버튼이 창을 닫는 역할을 하므로 '닫기' 버튼이나 '확인' 버튼이다. 그런데 다음 페이지로 넘기거나 특정한 기능을 수행하는 버튼이 하나 더 있을 때도 있다 (원래는 알림창을 alert와 confirm으로 구별하는데, 여기서는 모두 알림창으로 일컫는다).

예를 들어 게시물을 작성하다가 취소 버튼을 눌렀다고 하자. 그러면 작성 중인 게시물을 모두 지우고 게시물 목록 페이지로 바로 이동할 수도 있지만, 사용자를 배려해 재확인 메시지를 알림창으로 보여주기도 한다. 다음과 같다.

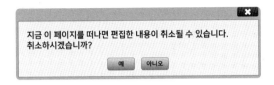

그런데 이 메시지와 버튼을 잘 보자. '예' 버튼을 누르면 어떤 결과가 벌어질까? 편집한 내용이 취소돼서 다른 페이지로 이동할까? 아니면 편집한 내용이 취소될 수 있으니 이 페이지를 떠나는 행위를 취소할까? '아니오' 버튼도 마찬가지다. 이 페이지를 안 떠나겠다는 것일까? 아니면 편집한 내용을 안 쓰겠다는 것일까?

이렇게 상황이 애매해진 이유는 '취소'라는 단어를 두 번 써서 그렇다. 취소를 아예 쓰지 말고 행동에만 집중하면 오해를 없앨 수 있다.

여기서 좀 더 나아가자. 버튼에 '예' 또는 '아니오'를 쓰는 것은 좋지 않다. '예'와 '아니오'를 쓰는 이유는 이런 알림창을 띄우면서 true인 경우와 false인 경우로 생각하기 때문이다. 하지만 버튼의 역할은 단순히 옳고 그름의 의견을 개진하거나 '예, 아니오'로 대답하는 것이 아니다. 버튼의 본래 역할은 특정한 행동을 유도하는 것이다.

예를 들어 페이스북에서 글을 쓰다가 다른 페이지로 이동하는 링크를 클릭하거나 다른 URL을 입력해 이동하려고 하면 다음과 같은 메시지가 나타난다.

페이지에서 나가고 싶다면 '페이지에서 나가기' 버튼을 클릭하면 된다. 방금 한 행동을 취소하고 싶다면 '이 페이지에 머물기' 버튼을 클릭하면 된다. 버튼에는 이런 식으로 행동을 분명히 표시하는 것이 좋다.

가능하다면 '취소'라는 말보다 더 구체적인 행동을 말로 전하는 것이 좋다. 짧고 애매한 것보다는 길더라도 분명한 것이 더 낫다. 다음과 같이 표현해도 좋다.

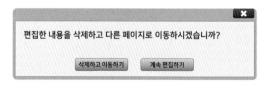

03
사용자의 에러를 줄이는 메시지 구조화

버튼의 순서

앞에서 보여준 페이스북 예를 다시 보자. 페이스북에서 글을 쓰다가 페이스북 페이지 안의 링크를 클릭해서 이동하려고 하면 다음과 같은 메시지를 보여준다.

그런데 페이스북에서 글을 쓰다가 페이스북 바깥의 링크, 즉 브라우저의 북마크나 '뒤로' 버튼을 클릭하거나 주소창에 다른 주소를 입력하고 엔터를 치면 다음 그림의 메시지를 보여준다. 이것은 사이트에서 어떤 행동을 하던 중에 사이트를 떠나려고 할 때 크롬 브라우저가 보여주는 메시지다.

앞 두 예의 버튼 순서를 잘 보자. 페이스북의 버튼 순서는 '이 페이지에 머물기'와 '페이지에서 나가기' 순서다. 즉 방금 한 행동을 취소하는 것이 먼저 나오고(=이 페이지에 머물기), 방금 한 행동을 계속하는 것이 다음에 나온다(페이지에서 나가기). 요컨대 '취소-나가기' 순서다. 그런데 크롬 브라우저는 순서가 반대다. '나가기'가 먼저 나오고 그다음에 '취소'가 나온다. 이것을 '확인-취소 문제'라고 한다. 확인은 나가기, 즉 방금 한 행동을 재확인하는 것이다. 취소는 방금 한 행동을 취소한다는 것이다.

문제는 확인-취소 순서가 뒤죽박죽이라는 것이다. 윈도우에서는 확인이 먼저 나오고 그다음에 취소가 나온다.

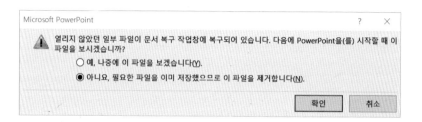

상식적으로 보면 확인이 먼저 나오는 것이 맞는 것 같다. 확인이 true(예/Yes)고, 취소가 false(아니오/No)니까 '예-아니오'가 '아니오-예'보다 자연스러워 보인다.

그런데 macOS에서는 반대다. 취소-확인 순서다. macOS에서는 확인 버튼이 오른쪽에 있다. 구글 안드로이드와 애플의 iOS도 확인 버튼이 오른쪽에 있다.

확인이 오른쪽에 있는 이유는 행동의 연속성 때문이다. 우리는 글을 쓸 때 왼쪽에서 오른쪽으로 쓰고, 방향을 표시할 때도 왼쪽에서 오른쪽으로 화살표를 그린다. 그러므로 확인이 오른쪽에 있는 것이 행동 방식에 들어맞아 보인다. 하지만 아랍어는 오른쪽에서 왼쪽으로 쓴다. 한자도 과거에는 오른쪽에서 왼쪽으로 썼다.

확인-취소 순서가 이렇게 뒤죽박죽이다 보니 사용자가 자기도 모르게 왼쪽에 있는 버튼이 확인인 줄 알고 누르거나 반대로 오른쪽에 있는 버튼이 확인인 줄 알고 누르기도 한다. 이런 오류를 막으려면 표준을 정해야 하는데, 국가나 서비스마다 순서가 다 다른 현 시점에서 국제 표준을 정하는 것은 사실상 불가능하다.

따라서 현재 상황에서는 OS의 순서를 따르는 것보다는 서비스 내에서 일관성을 가지는 것이 좋다. OS와 상관없이 확인-취소 순서로 하든 취소-확인 순서로 하든 한 가지 순서로만 표시해야 한다. 그래야 사용자 경험이 어긋나지 않는다. 앞에서 말했지만 확인, 취소 대신 '삭제하고 이동하기', '이 페이지에 머물기'처럼 구체적인 행동을 적는 것도 좋은 방법이다.

필요하다면 시각적으로 강조하는 것도 좋다. 확인이냐 취소냐와 관계없이 회사가 원하는 방향으로 유도하면 된다. '다른 사이트로 이동하기'보다는 '이 사이트에 머물기' 버튼이 더 눈에 띄어야 할 것이다. 특정 버튼이 이미 선택돼 있게 만드는 것도 방법이다. 하지만 서비스에 따라 UI/UX가 달라지니 이런 경우에는 UI/UX 담당자와 논의해 정하는 것이 좋다.

사용자의 반복 에러를 막는 법

사용자가 에러 메시지를 잘 이해해서 바로 에러 상황에서 벗어나면 좋겠지만 같은 에러를 몇 번이고 반복할 때가 종종 있다. 예를 들어, 로그인할 때 비밀번호를 계속해서 잘못 쓰는 경우가 그렇다. 사용자가 이런 일을 무한정 반복하도록 놔둘 수는 없다. 정말 비밀번호를 잘 몰라서 그런 일이 생기는 경우도 있지만 해킹하려는 의도일 수도 있기 때문이다. 그래서 일정한 에러 반복 이후에는 다른 방법이나 다른 메시지를 보여준다.

예를 들어 다음은 네이버에서 로그인 실패 시 나타나는 첫 번째 에러 메시지다. 이 메시지는 오류가 네 번 발생할 때까지 똑같이 나온다.

myID

••••••••

아이디 또는 비밀번호를 다시 확인하세요.
네이버에 등록되지 않은 아이디이거나, 아이디 또는 비밀번호를 잘못 입력하셨습니다.

앗, 로그인이 안 되나요?

그런데 다섯 번째 로그인 시도도 실패하면 에러 메시지가 바뀌면서 갑자기 자동입력 방지 문자를 입력할 것을 요구한다.

이 상황을 잘 따져보자. 비밀번호를 다섯 번 연속 잘못 입력하면 갑자기 회원에서 해커로 사용자의 지위와 대우가 순식간에 낮아진다. 사용자가 미처 손쓸틈 없이 한순간에 그런 일이 벌어진다. 사용자가 해커가 아니라면 이런 갑작스러운 에러 메시지 변화에 당황할 수밖에 없다.

이런 경우에 개발자는 사용자가 기억을 잘 떠올려서 최소한의 시도로 로그인에 성공하게 만들어야 한다. 그런데 첫 번째부터 네 번째까지 에러 메시지가똑같다 보니 사용자는 기억을 떠올리기보다는 일단 생각나는 대로 비밀번호를 입력해 본다. 분명히 에러 메시지에 "앗, 로그인이 안 되나요?"라는 메시지와 링크가 있어서 아이디나 비밀번호를 확인하는 페이지로 이동할 수 있지만,같은 메시지가 반복될 때는 그런 메시지를 무시하기 일쑤다.

이런 경우에는 사용자에게 앞으로 남은 로그인 횟수를 메시지로 보여주면 된다. 어떤 사용자든 로그인 가능 횟수가 줄어들면 자기 행동에 주의하게 된다.

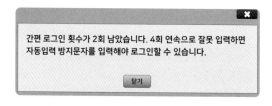

인터넷 뱅킹 초창기에는 이렇게 남은 횟수를 보여주지 않아서 곤혹스러웠던 적이 많았다. 예를 들어, 인터넷 뱅킹에서 자금을 이체할 때 공인인증서나 계좌 비밀번호를 몇 번 잘못 입력하면 느닷없이 다음과 같은 메시지가 나타나면서 인터넷 뱅킹을 못하게 돼버린다.

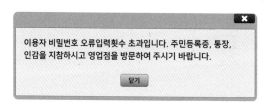

이것이 고객 불편 사항이 되고 은행에도 비용이 되다 보니 요즘에는 비밀번호를 잘못 입력할 때마다 남은 횟수를 알려준다. 예를 들면 다음과 같다.

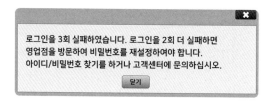

04
에러 메시지 대신 예방 메시지를 쓰자

서비스를 이해하면 에러를 예방할 수 있다

모든 개발자는 사용자가 에러 없이 프로그램을 사용하게 만들고 싶어 한다. 하지만 에러가 한 번도 발생하지 않게 프로그램을 온전히 개발할 수 있는 개발자는 없다. 사용자마다 사용법이 제각각이고, 아무리 매뉴얼이나 도움말을 충실히 적어도 사용자가 무시하고 마음대로 사용하기 일쑤다.

그래서 에러를 줄이려면 개발자도 사용자의 사용 방식을 이해해야 한다. 사용자가 어떻게 사용할지를 충분히 이해하고 조사하고 분석해야 에러를 줄일 방법을 찾을 수 있다.

예를 들어 호텔을 예약하는 앱에서 예약 날짜를 달력으로 선택할 수 있게 만들었다고 하자. 이때 보통 개발자는 달력을 월 단위로 보여준다.

그런데 예약은 기본적으로 오늘 이후만 가능하다. 오늘 이전 날짜를 선택하면 당연히 에러다. 과거를 예약할 수는 없기 때문이다. 사용자가 과거 날짜를 클릭하면 개발자는 다음과 같은 에러 메시지가 출력되게 할 것이다.

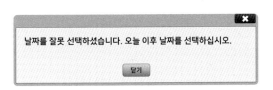

여기서 한 번만 다시 생각해 보자. 아예 에러가 생기지 않도록 하려면 어떻게 해야 할까? 그러니까 처음부터 사용자가 오늘 이전 날짜를 선택할 수 없게 하면 어떨까?

이 단순한 아이디어는 많은 예약 사이트의 달력 표시 방법을 바꿨다. 즉, 오늘 이전 날짜는 선택할 수 없도록 비활성화한 것이다. 이렇게 함으로써 사용자는 과거 날짜를 선택할 수 없고, 그러므로 날짜를 잘못 선택하는 에러를 발생시키지 않게 됐다. 나아가, 체크인 날짜를 선택한 후 체크아웃 날짜를 선택할 때도 체크인 날짜 이후부터만 선택할 수 있게 했다. 아래 그림은 한 호텔 예약 사이트에 4월 15일에 접속한 것이다. 과거 날짜는 회색으로 표시하고 클릭하지 못하게 돼 있다.

다음 그림은 같은 호텔 예약 사이트에서 체크인 날짜를 23일로 선택한 것이다. 그러면 자동으로 체크인 날짜부터 1개월 이내에만 체크아웃 날짜를 선택할 수 있게 돼 있다. 장기 예약을 막기 위해서다.

사용자를 이해하면 에러를 예방할 수 있다.

사용자가 입력할 때 자주 실수하는 것이 바로 긴 숫자를 잘못 입력하는 것이다. 예를 들어 신용카드 번호 입력이 있다. 신용카드에는 신용카드 번호가 새겨져 있다. 그런데 잘 보면 16자리 숫자가 4자리씩 4등분으로 나뉘어 있다. 이렇게 한 이유는 숫자를 더 잘 읽기 위해서다. 다음 두 경우를 각각 소리 내어 읽어보자.

- 4729427485038305

- 4729 4274 8503 8305

바로 알아챘겠지만 숫자는 똑같다. 다만 띄어쓰기 여부가 다를 뿐이다. 그런데 띄어 쓴 두 번째 숫자가 읽기에 훨씬 편하다. 눈으로 기억하기도 한결 편하다. 웹사이트에 카드 번호 입력 폼을 만들 때도 이 같은 방식으로 4칸을 만들어 각 칸에 숫자 4개만 입력되게 함으로써 사용자가 숫자를 잘못 입력하는 에러를 줄일 수 있다.

사용자가 어떤 사이트에 회원가입을 할 때 이메일을 잘못 입력하는 경우도 꽤 많다. 사용자의 이메일은 나중에 서비스 안내나 광고에 활용되므로 정확히 입력받아야 한다. 그런데 잘 보면 이메일의 앞부분은 주로 아이디처럼 사용돼서 정확히 쓰는데 @ 뒷부분은 제대로 안 쓰는 경우가 많다. 그래서 요즘에는 이메일 뒷부분을 선택할 수 있게 해놓음으로써 사용자의 에러를 줄인다.

사용자가 로그인할 때 비밀번호를 소문자로 써야 하는데 Caps Lock이 켜져 있어서 대문자로 입력하는 실수를 막아야 할 때도 있다. 그럴 때는 다음 그림처럼 Caps Lock이 켜져 있을 경우 그 사실을 미리 알려줌으로써 사용자의 에러를 막을 수 있다.

스마트폰 디바이스도 마찬가지다. 배터리가 다 돼서 갑자기 스마트폰이 꺼지게 만들지 않는다. 배터리가 부족하다 싶으면 사용자에게 예방 메시지를 보내서 사용자가 스스로 결정하게 만든다. 특정 앱이 배터리를 과다하게 사용한다면 이 사실을 알려주고 선택을 요구한다.

이렇게 서비스와 사용자를 이해하면 에러 메시지 대신에 예방 메시지를 보여줌으로써 에러 발생을 막을 수 있다. 처음부터 에러 메시지를 예방 메시지라고 생각하면 에러를 없애는 단순 개발자가 아니라 사용성을 높이고 서비스를 활성화하는 비즈니스 감각이 있는 개발자가 될 것이다.

닭이 먼저? 알이 먼저?

ERP에서 사용자가 결재를 상신하려고 내용을 적고 결재 요청 버튼을 누르면 보통 "결제를 요청하시겠습니까?"하고 확인하는 창이 뜬다. 실수로 결재 요청을 했다면 되돌릴 기회를 주거나 결재 요청을 하기 전에 결재 여부를 다시 확인하는 절차다.

의도는 똑같지만 방법이 전혀 다른 경우가 있다. 사용자가 결재 요청 버튼을 누르면 확인 없이 우선 결재를 요청한다. 하지만 결재 내용을 확인하는 페이지에 결재를 취소하는 버튼이 있어서 이 버튼을 누르면 결재 요청을 취소한다.

이 두 방법을 비교하면 다음과 같다.

- **재확인 방식**: 결재 요청 → 재확인 → 결재 처리
- **취소 방식**: 결재 요청 → 결재 처리 + 취소 기능

이 두 방식 중 어떤 것이 더 좋을까?

개발자 입장에서 보자. 사용자는 언제든 결재 요청 버튼을 잘못 누를 수 있다. 중요한 결재 행위니 어떤 식으로든 사용자에게 확정을 받아야 한다. 그런데 확인을 요청하는 일은 무척 편하다. 웹사이트라면 단지 자바스크립트에서 confirm() 명령어 하나만으로도 충분하다. 하지만 결재 요청을 취소하는 일은 DB에서 해당 내용을 모두 지워야 하니 무척 번거롭다.

그래서 소프트웨어 개발 초기에는 재확인 방식을 많이 사용했다. 그런데 시간이 지나면서 사용자들이 취소 기능을 요구하기 시작했고, 그래서 개발자들이 하는 수 없이 취소 기능을 만들었다. 그랬더니 재확인과 취소 기능이 섞여 버렸다.

- **혼합 방식**: 결재 요청 → 재확인 → 결재 처리 + 취소 기능

이번에는 사용자 입장에서 보자. 재확인 방식에서는 사용자가 결재 요청 버튼을 누르는 순간 무조건 재확인해야 한다. 재확인은 곧 경고다. 사용자가 의사결정을 했는데 그 결정이 확실하지 않을 수 있으니 다시 확인하라는 시스템의 강요다. 사용자의 의사결정은 근본적으로 실수가 잦고 믿을 수 없다고 보는 관점이다.

사용자가 실수로 결재 요청 버튼을 누르는 것을 막기 위해서라면 다른 방식을 써야 한다. 결재 요청 버튼의 위치나 크기를 다시 설정해야 옳다. 또 그렇게 실수를 했더라도 다음 화면에서 취소 기능을 보여줘서 사용자가 스스로 취소할 수 있게 해야 한다. 그렇게 함으로써 사용자가 자신의 행동을 주체적으로 책임지게 만들어야 한다.

이것은 결국 철학의 문제다. 개발자가 사용자를 불완전한 존재로 인식하는 순간 모든 사용자의 행동에 경고로 대응한다. 그러면 시스템도 불완전해진다. 사용자의 행동 하나하나가 불완전하므로 사용자의 모든 행동을 검증해야 한다. 사용자를 성인이 아니라 미숙아로 취급하는 것과 다름없다.

어떤 방식을 쓸지는 서비스와 사용자에 따라 달라지겠지만, 개발자도 자신만의 철학을 가져야 한다. 에러 메시지를 보여주기 전에 개발자 스스로 사용자를 어떤 관점으로 보는지 생각해 봐야 한다. 에러 메시지를 쓰기 전에 그 메시지가 꼭 필요한 것인지, 본래 역할을 제대로 수행하는지 고려해야 한다. 결국 사용자가 에러 메시지를 어떻게 받아들일지는 모두 개발자의 철학에 달렸다.

01
체인지 로그를 분류, 요약, 종합하는 법

체인지 로그의 양과 만족도의 관계

어떤 일을 하고 나서 그 일의 내용을 상사나 고객에게 글로 보고해야 할 때가 있다. 이때 글을 지나치게 줄여 쓰면 일을 안 한 것처럼 보인다. 그렇다고 해서 일의 내용을 하나씩 구체적으로 다 쓰면 아무도 읽지 않는다. 체인지 로그 changelog가 이런 경우에 해당한다. 간단히 쓰면 한 일이 없어 보이고 자세히 쓰면 아무도 읽지 않아 쓸모가 없다.

예를 들어, 모바일 애플리케이션 유지보수를 담당하는 개발자가 일주일 동안 밤을 새워서 버그를 수십 개나 잡았다. 그는 너무 지쳐서 애플리케이션의 새 버전을 릴리스할 때 변경사항에 다음과 같이 간단히 썼다.

  사소한 오류 수정

이 체인지 로그만 본 상사가 그에게 말했다.

  "일 좀 하시지!"

이 체인지 로그를 본 고객도 댓글에 이렇게 썼다.

  "뭘 했다는 건가요? 일 좀 하세요!"

일을 열심히 하고도 체인지 로그를 제대로 안 쓰면 이렇게 일한 보람도 없고 인정도 못 받는다.

이번에는 개발자가 일주일 동안 한 일을 다음과 같이 하나씩 다 적어서 릴리스했다.

- 고해상도 폰에서 아이콘이 찌그러지는 오류를 수정했습니다.

- 가로/세로 화면 전환 시 하단 메뉴가 사라지는 오류를 수정했습니다.

- 애니메이션 스티커가 갑자기 멈추는 오류를 수정했습니다.

- 미리 보기에서 간혹 리부팅되는 문제를 해결했습니다.

- 용량이 큰 사진을 등록할 때 휴대전화 메모리 사용을 최소화하도록 등록 방식을 개선했습니다.

- 최근 기록이 상위에 올라오도록 개선했습니다.

- 게임 종료 후 바로 순위를 볼 수 있도록 개선했습니다.

- 닉네임을 만들 때 특수 문자를 추가하는 기능을 추가했습니다.

- 빈 게임방을 자동으로 검색하는 기능을 추가했습니다.

  …

이것을 본 상사가 이렇게 말했다.

"이렇게 써 놓으면 누가 다 읽어요?"

고객도 댓글에 이렇게 썼다.

"버그 많은 거 자랑하시나요?"

상사나 고객의 만족도는 체인지 로그의 양이 적절할 때 가장 높다. 너무 짧아도 너무 길어도 좋지 않다. 읽기 좋게 적절한 양으로 써야 상사도 고객도 만족한다.

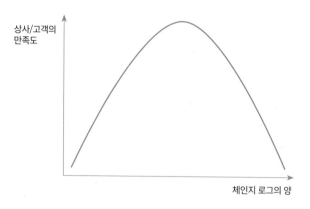

체인지 로그를 적절한 양으로 쓰려면 일단은 체인지 로그를 최대한 많이 써야한다. 그다음에는 일정한 기준으로 선정하고 비슷한 것끼리 분류한 뒤 문장을 요약하는 기술이 필요하다.

- 1단계: 선정하기

- 2단계: 분류하기

- 3단계: 요약하기

- 4단계: 종합하기

1단계: 선정하기

체인지 로그의 양을 줄이려면 체인지 로그 중에서 쓸 것과 없앨 것을 구분하는 기준이 필요하다. 이때 개발자는 보통 자기가 오랜 시간을 들여 노력한 것을 쓰고, 그렇지 않은 것은 빼는 경향이 있다. 하지만 이런 기준으로 체인지 로그를 선정해서는 안 된다. 왜냐하면 체인지 로그를 보는 독자의 입장은 다를 수 있기 때문이다.

개발자에게는 별거 아니지만 독자에게는 중요한 것이 있다. 반대로 개발자는 큰 노력을 들였지만 독자가 보기에는 사소한 것일 수도 있다. 따라서 다음과 같이 개발자의 노력과 독자의 관심을 기준으로 표를 만들어보면 체인지 로그 순위를 좀 더 전략적으로 선정할 수 있다.

		개발자가	
		노력을 많이 들인 것	노력을 덜 들인 것
독자가	관심 있는 것	1순위	2순위
	관심 없는 것	3순위	삭제

여기서 조금 더 나아가면 회사 입장도 있다. 회사 입장은 예를 들면 사업팀, 디자인팀, 마케팅팀, 운영팀의 관심이다. 이들도 체인지 작업에 참여한다. 예를 들어 사업팀이 고객의 요구를 전달하거나 디자인팀이 UI를 바꾸거나 마케팅팀이 마케팅 로그를 원하거나 운영팀이 오류를 전달하면 개발자가 작업하고 체인지 로그를 쓴다. 따라서 이들의 관심도 체인지 로그 선정에 큰 영향을 끼친다.

게다가 체인지 로그는 회사의 공식 발표이며, 독자와 직접 소통하는 문건이다. 개발자가 개발자 입장에서만 체인지 로그를 써서는 안 되는 것이다. 그래서 다음 표와 같이 회사, 개발자, 독자의 관심을 가지고 8가지 경우로 분류해 체인지 로그를 선정하고 순위나 수준을 결정할 수도 있다.

회사가 말하고 싶다	개발자가 말하고 싶다	독자가 듣고 싶다	순위	수준	예시
O	O	O	1순위	자세히	인공지능 추천 추가
O	O	X	2순위	간단히	대용량 네트워크 증설
O	X	O	3순위	간단히	UI 개선
O	X	X	4순위	주석	면책 조항, 정책 변경
X	O	O	5순위	참고	작업 과정, 레퍼런스
X	O	X	삭제	–	성과가 낮은 오류 수정
X	X	O	삭제	–	경쟁력 없는 기능 추가
X	X	X	삭제	–	사소한 오류 수정

2단계: 분류하기

공개할 체인지 로그를 선정했으면 비슷한 체인지 로그끼리 묶어야 한다. 이때 두 가지 방법이 있다.

첫 번째 방법은 개발 관점에서 비슷한 작업으로 묶는 방법으로, 독자가 개발자인 경우에 유용하다. 보통 소프트웨어 릴리스 문서에서 사용하는 새로운 기능 추가, 기능 개선, 오류 수정으로 묶을 수 있다.

- 새로운 기능 추가
  - 닉네임을 만들 때 특수 문자를 입력하는 기능을 추가했습니다.
  - 빈 게임방을 자동으로 검색하는 기능을 추가했습니다.
- 기능 개선
  - 용량이 큰 사진을 등록할 때 휴대전화 메모리 사용을 최소화하도록 등록 방식을 개선했습니다.

- 최근 기록이 상위에 올라오도록 개선했습니다.

- 게임 종료 후 바로 순위를 볼 수 있도록 개선했습니다.

■ 오류 수정

- 고해상도 폰에서 아이콘이 찌그러지는 오류를 수정했습니다.

- 가로/세로 화면 전환 시 하단 메뉴가 사라지는 오류를 수정했습니다.

- 애니메이션 스티커가 갑자기 멈추는 오류를 수정했습니다.

- 미리 보기에서 간혹 리부팅되는 문제를 해결했습니다.

두 번째 방법은 독자가 일반 사용자인 경우에 유용하며, 사용자 관점에서 비슷한 것끼리 묶는 방법이다. 예를 들면 다음과 같이 사용자가 게임을 준비하고 게임하고 종료하는 각 단계에 따라 묶을 수 있다.

■ 게임 준비

- 미리 보기에서 간혹 리부팅되는 문제를 해결했습니다.

- 빈 게임방을 자동으로 검색하는 기능을 추가했습니다.

- 닉네임을 만들 때 특수 문자를 추가하는 기능을 추가했습니다.

■ 게임 중

- 고해상도 폰에서 아이콘이 찌그러지는 오류를 수정했습니다.

- 가로/세로 화면 전환 시 하단 메뉴가 사라지는 오류를 수정했습니다.

- 애니메이션 스티커가 갑자기 멈추는 오류를 수정했습니다.

■ 게임 종료

- 최근 기록이 상위에 올라오도록 개선했습니다.

- 게임 종료 후 바로 순위를 볼 수 있도록 개선했습니다.

- 용량이 큰 사진을 등록할 때 휴대전화 메모리 사용을 최소화하도록 등록 방식을 개선했습니다.

3단계: 요약하기

체인지 로그를 분류했으면 문장 단위로 요약할 차례다. 여러 가지 요약 방법 중에서 서술식 문장을 개조식 문장으로 바꾸는 방법을 쓰면 내용이 자연스럽게 축약되고 의미는 더 분명해진다. 개조식 문장으로 만들려면 다음과 같이 불필요한 부사나 형용사, 조사나 어미를 없애고, 정확하고 적절한 단어로 대체하면 된다.

- 게임 준비
  - 미리 보기에서 간축 리부팅되는 문제를 해결했습니다.
  - 빈 게임방을 자동으로 검색하는 기능을 추가했습니다.
  - 닉네임을 만들 때 특수 문자를 입력하는 기능을 추가했습니다.
- 게임 중
  - 고해상도 폰에서 아이콘이 찌그러지는 오류를 수정했습니다.
  - 가로/세로 화면 전환 시 하단 메뉴가 사라지는 오류를 수정했습니다.
  - 애니메이션 스티커가 갑자기 멈추는 오류를 수정했습니다.
- 게임 종료
  - 최근 기록이 상위에 올라오도록 개선했습니다.
  - 게임 종료 후 바로 순위를 볼 수 있도록 개선했습니다.
  - 용량이 큰 사진을 등록할 때 휴대전화 메모리 사용을 최소화하도록 등록 방식을 개선했습니다.

그러고 나면 서술식 문장은 개조식으로 바뀐다. 그러면 마침표를 빼고 다음과 같이 정리할 수 있다.

- 게임 준비
  - 미리 보기 리부팅 문제 해결
  - 빈 게임방 자동 검색 기능 추가
  - 닉네임 만들 때 특수 문자 입력 기능 추가
- 게임 중
  - 고해상도 폰에서 아이콘이 찌그러지는 오류 수정
  - 가로/세로 화면 전환 시 하단 메뉴가 사라지는 오류 수정
  - 애니메이션 스티커가 멈추는 오류 수정
- 게임 종료
  - 최근 기록이 상위에 올라오도록 개선
  - 게임 종료 후 바로 순위를 볼 수 있도록 개선
  - 용량이 큰 사진을 등록할 때 휴대전화 메모리 사용 최소화

4단계: 종합하기

엘리베이터 스피치라는 말이 있다. 투자자를 엘리베이터에서 만났을 때 그 짧은 시간에 사업 계획의 핵심만 종합해 말하는 방식을 말한다. 이 경우 다음과 같은 투자자의 질문에 대답할 수 있어야 한다.

"그래서, 한마디로 뭘 한다는 거죠?"

"그래서, 핵심이 뭔가요?"

체인지 로그도 마찬가지다. 상사나 고객이 체인지 로그를 하나씩 뜯어보기 전에 이번 릴리스가 이전과 비교해서 뭐가 다르고 핵심과 컨셉이 무엇인지 한마디로 알려줘야 한다. 그러려면 릴리스 내용 전체를 종합해서 한 문장으로 만들고 그것을 체인지 로그 첫 줄에 적어야 한다.

전체를 종합하는 방법은 분석과 반대다. 분석은 앞에서 요약한 것과 비슷하다. 즉 여러 체인지 로그를 특정 개념의 하위 요소로 넣는 것이다. 예를 들어 '미리 보기 리부팅 문제 해결'은 '게임 준비' 단계 밑으로, '고해상도 폰에서 아이콘이 찌그러지는 오류 수정'은 '게임 중' 단계의 밑으로 넣는 것과 같다. 문장으로 기술할 때는 "토끼는 동물이다"처럼 객체(토끼)를 주어로 쓰고 개념(동물)을 서술어로 쓴다. 토끼를 분석했더니 동물의 하위로 범주화했다는 뜻이다.

종합은 분석과 반대여서 "토끼는 동물이다"처럼 개념화하지 않고 "토끼는 귀가 밝다"처럼 특성으로 서술하거나 "토끼는 잘 도망간다"처럼 결과로 서술하거나 "토끼는 귀가 밝아서 잘 도망간다"처럼 특성과 결과를 합쳐서 서술하는 것이다.

예를 들어 게임 준비 단계에서 미리 보기 리부팅 문제를 해결하면 사용자는 리부팅 시간을 아낄 수 있다. 빈 게임방을 자동으로 검색할 수 있으면 사용자는 빠르게 게임방을 찾아 입장할 수 있다. 닉네임에 특수 문자를 쓸 수 있으면 사용자는 닉네임을 다양하게 만들 수 있다.

고해상도 폰에서 아이콘이 찌그러지는 오류, 가로/세로 화면 전환 시 하단 메뉴가 사라지는 오류, 애니메이션 스티커가 멈추는 오류를 수정하면 사용자는 서비스를 정확하게 사용할 수 있다. 최근 기록이 상위에 올라오고, 게임 종료 후 바로 순위를 볼 수 있으면 게임 결과를 더 쉽고 빠르게 확인할 수 있다. 용량이 큰 사진을 등록할 때 휴대전화 메모리 사용을 최소화하면 사용자가 메모리 부족으로 애가 닳는 일이 없어질 것이다. 이 내용을 정리하면 다음과 같다.

- ■ 게임 준비
  - − 미리 보기 리부팅 문제 해결 ⇒ 게임 준비 시간 절감
  - − 빈 게임방 자동 검색 기능 추가 ⇒ 게임방 검색 시간 절감

- 닉네임 만들 때 특수 문자 추가 기능 추가 ⇒ 다양한 닉네임 설정 가능 ⇒ 자기를 더 잘 표현

- **게임 중**
  - 고해상도 폰에서 아이콘이 찌그러지는 오류 수정 ⇒ 정확한 사용
  - 가로/세로 화면 전환 시 하단 메뉴가 사라지는 오류 수정 ⇒ 성확한 사용
  - 애니메이션 스티커가 멈추는 오류 수정 ⇒ 정확한 사용

- **게임 종료**
  - 최근 기록이 상위에 올라오도록 개선 ⇒ 게임 결과를 더 쉽게 확인
  - 게임 종료 후 바로 순위를 볼 수 있도록 개선 ⇒ 게임 결과를 더 빠르게 확인
  - 용량이 큰 사진을 등록할 때 휴대전화 메모리 사용 최소화 ⇒ 편안한 마음으로 서비스 이용

이제 '시간 절감', '다양한 닉네임', '정확한 사용', '결과를 쉽게 확인', '결과를 빠르게 화인', '편안한 마음으로 서비스 이용'과 같은 특성과 결과를 정리해 한 문장으로 만들 차례. 그런데 문제는 이 모든 것을 포괄하는 문장을 만들기가 쉽지 않다는 것이다. 그래서 핵심이 되는 것을 발췌해야 한다. 이때는 당연히 [1단계: 체인지 로그 선정하기]에서 1순위로 정했던 회사와 개발자가 말하고 싶고 독자가 듣고 싶은 1순위 체인지 로그의 특성과 결과를 발췌하는 것이 좋다. 게임방 입장 시간 절감과 게임 결과 바로 확인이 1순위라면 다음과 같이 정리할 수 있다.

게임방에 더 빨리 입장하고 게임 결과를 바로 확인할 수 있도록 다음과 같이 변경했습니다.

【세부 내용】

...

종합 문장을 다음과 같이 개조식으로 바꿔 보자.

> 게임방에 더 빨리 입장하고 게임 결과를 바로 확인할 수 있게 변경

내용이 두 가지 이상이면 줄을 나누자.

- 게임방에 더 빨리 입장
- 게임 결과 바로 확인

이 두 내용을 분석해 사용성, 안정성, 편리성, 효율성 같은 추상적인 상위 개념을 만들자. 예를 들면 다음과 같다.

사용자 편리성 개선

- 게임방에 더 빨리 입장
- 게임 결과 바로 확인

이제 체인지 로그 내용을 종합했으므로 다음과 같은 질문에 이렇게 대답할 수 있다.

> "그래서, 한마디로 뭘 했다는 거죠?"
> "사용자가 서비스를 더 편리하게 쓸 수 있게 했습니다."

> "그래서, 핵심이 뭔가요?"
> "사용자가 게임방에 더 빨리 입장하고 게임 결과를 바로 확인할 수 있습니다."

예문을 정리하면 다음과 같다.

사용자 편리성 개선

- 게임방에 더 빨리 입장
- 게임 결과 바로 확인

【세부 내용】

- 게임 준비
  - 미리 보기 리부팅 문제 해결
  - 빈 게임방 자동 검색 기능 추가
  - 닉네임 만들 때 특수 문자 입력 기능 추가

- 게임 중
  - 고해상도 폰에서 아이콘이 찌그러지는 오류 수정
  - 가로/세로 화면 전환 시 하단 메뉴가 사라지는 오류 수정
  - 애니메이션 스티커가 멈추는 오류 수정

- 게임 종료
  - 최근 기록이 상위에 올라오도록 개선
  - 게임 종료 후 바로 순위를 볼 수 있도록 개선
  - 용량이 큰 사진을 등록할 때 휴대전화 메모리 사용 최소화

02
고객에게 유용한 정보를 쓰자

개발자 관점과 고객 관점

체인지 로그는 개발자가 변경한 내용을 적은 것이다. 하지만 체인지 로그를 보는 독자는 뭔가 새로운 것, 바뀐 것, 그래서 자기에게 좋거나 유익하거나 어떤 행동을 해야 할지 명확하게 지시하는 것을 보고 싶어 한다. 체인지 로그를 사내 개발자끼리만 본다면 한 일만 담백하게 적어도 상관없다. 하지만 외부 개발자나 일반 사용자가 보는 체인지 로그를 쓸 때는 개발자 관점이 아니라 고객 관점에서 써야 한다.

고객 관점으로 쓰려면 변경사항이 고객에게 끼치는 영향을 체인지 로그에 추가해서 기술하면 된다. 예를 들어 다음과 같이 개발자가 문제를 해결한 내용만 기술한 체인지 로그가 있다고 하자.

> 댓글에서 애니메이션 스티커 때문에 화면이 멈추는 문제를 해결했습니다.

이것을 고객 관점에서 살펴보자. 우선 고객의 불편이 뭔지 알아야 한다. 댓글에서 애니메이션 스티커 때문에 화면이 멈추는 것은 고객의 불편이 아니다. 고객의 불편은 화면이 멈춰서 애니메이션 스티커를 포함한 댓글을 쓸 수 없다는 것이다.

- **개발자의 문제**: 화면이 멈춘 것
- **고객의 문제**: 애니메이션 스티커를 댓글에 사용할 수 없는 것

개발자가 문제를 해결했다면 당연히 고객의 문제도 해결된다.

- **개발자의 문제 해결**: 화면이 멈추지 않게 했다.
- **고객의 문제 해결**: 애니메이션 스티커를 댓글에 사용할 수 있다.

이 내용을 합쳐서 다음과 같이 체인지 로그를 작성해 보자.

> 댓글에서 애니메이션 스티커 때문에 화면이 멈추는 문제를 해결했습니다. 이제 애니메이션 스티커를 정상적으로 댓글에 사용할 수 있습니다.

이제 고객의 문제 해결을 앞쪽으로 옮기자.

> 이제 애니메이션 스티커를 정상적으로 댓글에 사용할 수 있습니다. 댓글에서 애니메이션 스티커 때문에 화면이 멈추는 문제를 해결했습니다.

이제 개발자의 문제는 짧게 줄이자.

> 이제 애니메이션 스티커를 정상적으로 댓글에 사용할 수 있습니다(화면 멈춤 문제 해결).

개조식으로 바꾸면 다음과 같다.

> 애니메이션 스티커를 댓글에 정상 사용 가능(화면 멈춤 문제 해결)

다음 예도 보자.

- 확인/취소 버튼 및 서로이웃 맺기 UI를 개선했습니다.
- 용량이 큰 사진을 등록할 때 휴대전화 메모리 사용을 최소화했습니다.

확인/취소 버튼과 서로이웃 맺기 UI를 어떻게 개선했으면 이런 개선으로 고객이 얻는 혜택이 무엇인지 분명히 얘기해줘야 한다. 휴대전화 메모리 사용이 가지는 의미도 알려줘야 한다. 그래야 고객이 체인지 로그를 제대로 읽고 활용할 수 있다.

- 확인/취소 버튼이 커져서 찾기가 더 쉬워졌습니다.
- 게시물을 읽으면 이웃 맺기 창이 나타나서 바로 이웃을 맺을 수 있습니다.
- 용량이 큰 사진도 자유롭게 등록할 수 있습니다.

이번에는 실제 사례를 보자. 다음은 네이버 밴드 애플리케이션의 2019년 4월 18일자 변경사항이다(출처: 플레이스토어).

변경사항
채팅 답장 기능이 추가되었어요!
상대방 메시지를 꾹 눌러 답장쓰기를 해보세요.

밴드의 일정 참석 요청을 놓치지 않으려면,
가입 밴드의 일정 푸시알림을
[참석확인과 미리알림 받기]로 설정해보세요.

채팅 답장 기능이 추가됐다고만 하지 않고, 사용법(상대방 메시지를 꾹 눌러)과 행동(답장쓰기를 해보세요)을 유도한다. 참석확인과 미리알림 받기 기능을 추가하면서 고객의 문제(밴드의 일정 참석 요청을 놓치는 것)를 먼저 애기하고 해결책(가입밴드의 일정 푸시알림을 [참석확인과 미리알림 받기]로 설정)을 제시한다.

다음은 멜론 애플리케이션의 2019년 3월 7일자 변경사항이다(출처: 플레이 스토어).

변경사항

【멜론 v.4.8.4 업데이트】

- 검색: 새롭게 개편된 검색 홈에서는 주제별 검색 키워드를 한눈에 모아보고, 실시간 인기 검색어도 시간대별로 확인할 수 있습니다. OST, 방송, 키즈 캐릭터명을 검색하여 원하는 음악을 쉽게 찾고, 상황, 분위기, 장르명 검색을 통해 듣고 싶은 음악을 발견해보세요.
- 오픈소스 라이브러리 업데이트를 통해 앱 안정성을 강화했습니다.
- 기타 소소한 서비스 개선과 오류가 수정되었습니다.

이 체인지 로그는 새로 개편한 검색 홈의 기능을 일일이 설명하지 않고 사용자의 편리성(주제별 검색 키워드를 한눈에 모아보고, 실시간 인기 검색어도 시간대별로 확인할 수 있...)으로 대체했다.

그런데 첫 번째 체인지 로그는 일반 사용자 관점으로 쓰고, 두 번째 체인지 로그(오픈소스 라이브러리 업데이트)는 개발자 관점으로 썼다. 세 번째 체인지 로그는 그다지 중요하지 않은 것을 묶어서 기타로 처리했다.

이렇게 체인지 로그를 하나의 관점으로만 쓸 필요는 없다. 내용에 따라 관점을 적절히 선택하는 것이 중요하다. 정말 소소한 것이라면 마지막 문장에 기타로 묶는 것도 좋은 방법이다.

과거를 리뷰하고 미래를 보여주자

체인지 로그에는 '한 일'을 적는다. 체인지 로그 자체가 원래 개발의 결과니까 한 일을 적는 것이 당연하다. 하지만 개발자에게는 잡아야 할 버그가 아직 남아 있고 연구해야 할 개선 사항도 있고 개발할 새 기능도 많다.

고객 입장에서도 보자. 고객이 요구하거나 불평한 것이 이번 릴리스에 다 반영되지 않으면 다음 릴리스를 기다릴 수밖에 없다. 하지만 개발자가 언제 해결할지 약속하지 않는다면 고객이 어떻게 생각할까? 또 개발자가 이미 지난 릴리스 때 반영했는데 고객이 체인지 로그를 제대로 보지 못하면 어떻게 될까?

그래서 다소 귀찮기는 하지만 다음 릴리스 항목으로 검토하는 것이 있다면 중요한 것은 공개하는 게 좋다. 이전에 릴리스하면서 잡은 버그가 완벽히 해결됐는지, 새 기능은 어떤 것을 많이 사용하는지도 얘기하자.

예를 들어, 다음은 카카오맵의 2018년 5월 11일 체인지 로그다. '주요 개선 항목' 다음에 '검토 중인 항목'을 추가했다.

【주요 개선 항목】
- 지도 축소 상태에서 도로 굵기 개선, 지역 명칭 컬러 개선
- 국도, 지방도 컬러 구분
- 지하철 예정 노선 컬러 개선
- 등산로 선 두께 조절(5월 24일 적용 예정)

【검토 중인 항목】
- 건물 가독성 개선 검토
- 색각이상자 대응 검토
- 심볼 상세화 검토

Semantic Versioning(유의적 버전)

체인지 로그는 무엇인가 바뀌었을 때 쓴다. 그래서 버전 번호와 항상 같이 사용된다. 패치를 했거나 새로운 기능을 추가했거나 전체를 완전히 업그레이드했을 때 체인지 로그를 쓰면서 버전을 올린다. 이때 고객은 버전을 보고 체인지의 범위나 중요성을 먼저 판단한다. 체인지 로그의 내용이 똑같다 할지라도 버전이 다르면 고객은 완전히 다르게 받아들인다. 예를 들어 다음과 같이 세 가지 방식으로 버전을 올렸다고 하자.

1. 버전 1.2.2 → 1.2.3

2. 버전 1.2.2 → 1.3.0

3. 버전 1.2.2 → 2.0.0

1번은 세 번째 자리에서 버전을 올렸다. 이것은 간단한 패치를 의미한다. 그래서 이전 버전(1.2.x)과 호환된다.

2번은 두 번째 자리에서 버전을 올렸다. 두 번째 자리에서 버전을 올리면 그다음 세 번째 자리는 0으로 초기화된다. 이것은 새로운 기능을 추가했을 때다. 1.3.0은 1.2.x와 일부 호환될 수 있으나 새로운 기능을 1.2.x에서 사용할수는 없다.

3번은 첫 번째 자리에서 버전을 올렸다. 이 경우는 전면적인 업그레이드여서 이전 버전과는 거의 호환되지 않는다고 볼 수 있다. 프로그램의 명맥은 잇겠지만 완전히 다른 프로그램이다.

그런데 아직은 버전 번호를 올리는 단일 표준이 없다. 게다가 누가 딱 부러지게 알려주지도 않는다. 그러다 보니 개발자 마음대로 버전 번호를 올리거나 선배가 하는 대로 따라 하다가 고객이나 외부 개발자에게 지적당하는 일도 있다.

필자는 아주 간단하면서도 쉽게 버전을 올릴 수 있는 가이드로 깃허브^{GitHub}의 공동창업자인 톰 프레스턴 베르너가 정한 Semantic Versioning을 제시한다. 김대현 님이 번역한 것이 있으니 자세한 내용은 https://semver.org/lang/ko/를 참고하자. 여기서는 몇 가지만 중요한 내용만 소개한다.

- 버전은 X.Y.Z의 형태로 한다. X, Y, Z는 자연수로서 각각 독립적으로 증가한다. X, Y, Z를 구분하는 점(.)은 소수점이 아니라 구분 기호다. 따라서 1.1.12는 1.1.9보다 높은 버전이다. X를 Major, Y를 Minor, Z를 Patch로 간편하게 이해해도 좋다.

- X가 0인 것은 초기 내부 개발에서만 사용하고, 최초 공개 API는 1.0.0이어야 한다. X는 기존 버전과 호환되지 않는 변화가 있을 때만 1씩 올린다.

- Y는 기존 버전과 호환되는 새로운 기능이 추가됐을 때 1씩 올린다. 큰 규모의 패치가 있을 때 작은 규모의 패치와 구분하기 위해 Y를 올릴 수도 있다. 만약 X를 올리면 Y는 0으로 초기화돼야 한다. 단, 최초의 내부 개발 버전은 0.0.0이 아니라 0.1.0이다. 즉, 개발의 시작은 새로운 기능의 시작이므로 Y가 0이 아니라 1이어야 한다.

- Z는 기존 버전과 완전히 호환되면서 작은 규모의 패치가 있을 때 1씩 올린다. X나 Y를 올리면 Z는 0으로 초기화돼야 한다.

- 정식 배포 전에 사전 배포(프리 릴리스, pre-release)가 필요할 때는 Z 다음에 붙임표(-)로 구분하고 적절한 식별자를 적는다. 예를 들어 알파 버전이라면 1.0.0-alpha로 쓴다. 알파 버전이 여러 개라면 1.0.0-alpha.1처럼 점(.)으로 구분하고 숫자를 덧붙인다.

- 일단 배포된 버전은 변경해서는 안 된다. 변경이 있다면 무조건 버전을 올려야 한다.

03
릴리스 문서는 문제 해결 보고서처럼 쓰자

문제와 문제점을 구별하자

체인지 로그는 몇 줄로 간단히 쓸 때가 많다. 하지만 기업에 소프트웨어를 판매하거나 SI 사업을 한다면 릴리스 문서를 정식으로 만들어서 고객에게 제공해야 한다. 이때 릴리스 문서는 단순히 정보를 제공하는 것을 넘어서 고객에게 제공하는 문제 해결 보고서라고 할 수 있다.

버그를 잡거나 새로운 기능을 추가하거나 성능을 개선하는 것은 모두 어떤 문제를 해결하기 위해서다. 이때 문제는 목표와 현상의 차이다. 목표는 있어야할 모습, 바람직한 상태, 기대되는 결과다. 현상은 현재의 모습, 예상되는 상태, 예기치 못한 결과다. 문제를 해결한다는 것은 목표에 다다르지 못하는 문제를 해결함으로써 현상을 목표에 일치시키는 것이다. 이러한 문제에는 발생형, 탐색형, 설정형의 세 가지 종류가 있다.

발생형 문제는 우리 눈앞에 발생해 당장 걱정하고 해결하기 위해 고민하는 문제다. 어떤 기준을 일탈하거나 미달해서 생기므로 원상 복구가 필요하다. 프로그램 에러가 대부분 발생형 문제다.

탐색형 문제는 현재 상황을 개선하거나 효율을 높이는 문제다. 이 문제는 눈에 잘 보이지 않으므로 그냥 놓아두면 뒤에 큰 손실이 따르거나 해결할 수 없는 문제로 커진다. 프로그램 개선이나 시스템 효율화가 대부분 탐색형 문제다.

설정형 문제는 미래 상황에 대응하는 문제다. 앞으로 어떻게 할 것인가 하는 문제다. 지금까지 해오던 것과 관계없이 새로운 과제나 목표를 설정함으로써 일어나는 문제다. 새로운 기능이나 대폭적인 업그레이드가 대부분 설정형 문제다.

버그를 수정하는 것, 기능이나 성능을 개선하는 것, 새로운 기능을 만드는 것은 모두 문제를 해결하는 것이다. 하지만 여기서 문제와 문제점을 구별해야 한다.

문제를 발생시키는 현상은 여러 가지다. 그 여러 가지 현상은 서로 상관관계나 인과관계를 맺기도 한다. 다음 예를 보자.

> "술을 많이 마시면 간이 상하고 몸속 비타민과 무기질이 소모되어 피로가 쉽게 풀리지 않고 일에 집중할 수도 없어서 생산성이 떨어진다."

이 예에서 문제는 생산성이 떨어진다는 것이다. 이 문제를 발생시키는 현상은 술을 많이 마시는 것, 간이 상하는 것, 몸속 비타민과 무기질이 소모되는 것, 피로가 쉽게 풀리지 않는 것, 일에 집중할 수 없는 것 등이 있다. 이것들이 모두 문제점이다. 문제와 문제점의 관계를 도식화하면 다음과 같다.

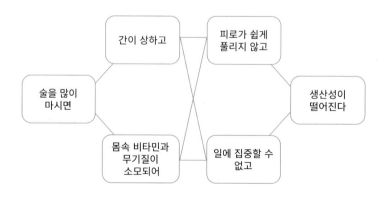

이제 해결할 문제점을 선택해야 한다. 기업 입장에서 직원이 술을 많이 마시는 문제점을 해결하려고 하면 술을 끊도록 유도하거나 회식 자리를 줄이는 방법이 있다. 직원의 간이 상하는 문제점을 해결하려고 하면 건강검진을 꾸준히 받도록 해서 간 수치를 점검하게 하는 방법이 있다. 직원이 출근했을 때 전날 쌓인 피로가 쉽게 풀리지 않는 문제점을 해결하려고 하면 출근할 때 피로회복제를 무료로 나눠주는 방법이 있다.

문제, 문제점, 해결책, 후속 계획 순으로 적자

하나의 문제에 문제점은 여러 가지이고, 여러 가지 문제점을 모두 해결하기에는 예산과 인력이 늘 부족하므로 특정 문제점을 선택할 수밖에 없다. 그러므로 어떤 문제점을 선택하느냐에 따라 문제 해결 방법은 완전히 달라진다.

릴리스 문서는 결국 개발자가 문제점 하나를 선택해서 해결한 결과다. 따라서 여러 문제점 중에 어떤 문제점을 선택했는지를 독자에게 정확히 알려줘야 한다.

예를 들어 사용자가 급증하면 서버가 멈춘다고 하자. 문제는 서비스가 정상 작동을 하지 않은 것이다. 사용자 급증은 문제점이 아니다. 개발자가 사용자를 줄일 수가 없기 때문이다. 문제점은 시스템의 잘못된 설정이나 최적화되지 않은 프로그램, 잘못된 DB 설계 등일 수 있다. 이때 개발자는 시스템 설정을 바꾸거나 프로그램을 최적화하거나 DB를 재설계할 수 있다. 하지만 이 모든 것을 동시에 다 할 수는 없다. 그래서 시스템 설정만 바꿨다고 하자. 그러면 이 사실을 릴리스 노트에 다음과 같이 쓸 수 있다.

- **문제**: 사용자가 급증하면 서버가 정지
- **문제점**: 잘못된 시스템 설정, 프로그램 비 최적화, 잘못된 DB 설계
- **해결책**: 시스템 설정 변경
- **후속 계획**: 프로그램 최적화, DB 재설계

이것을 릴리스 노트에 다음과 같이 서술할 수 있다.

(문제) OOO 서비스에 사용자가 급증하면 OO 서버가 정지하는 문제가 있었습니다.

(문제점) 우리가 파악한 문제점은 잘못된 시스템 설정, 최적화되지 못한 프로그램, 잘못된 DB 설계 등이었습니다.

(해결책) 그중에서 시스템 재설정으로 OO 서버가 정지하는 문제를 해결했습니다.

(후속 계획) 보다 안정적인 서비스를 위해 프로그램 최적화와 DB 재설계를 검토하겠습니다.

내용이 길면 다음과 같이 짧게 요약할 수도 있다.

OOO 서비스에 사용자가 급증하면 OO 서버가 정지하는 문제는 시스템 재설정으로 해결했습니다. 추후 프로그램 최적화와 DB 재설계도 검토하겠습니다.

릴리스 노트는 이처럼 문제, 문제점, 해결책, 후속 계획 순서로 쓰는 것이 좋다. 그래야 고객이 릴리스 노트의 내용을 정확히 파악할 수 있고 향후 변경 계획도 짐작할 수 있다.

법적인 문제를 고려해서 쓰자

릴리스 노트의 핵심은 문제 해결의 과정과 결과를 고객에게 알려주는 것이다. 여기에 덧붙여 릴리스 노트도 보고서의 일종인 만큼 보고서의 형식을 어느 정도 갖춰야 한다. 예를 들면 다음과 같은 항목이 반드시 포함돼야 한다.

- **문서 정보**: 제품명, 릴리스 이름, 릴리스 버전, 릴리스 날짜 등
- **개요**: 릴리스 노트의 주요 내용을 종합한 글

- **새로운 기능**: 이번 릴리스에 새롭게 추가한 기능
- **개선 사항**: 기존 기능을 향상하거나 안정성 등을 강화한 내용
- **버그 수정**: 버그 내용과 수정 사항
- **영향과 주의사항**: 릴리스로 인한 영향과 개발자의 주의사항
- **연락처**: 문의나 의견 접수를 위한 담당자 이름과 연락처 정보
- **면책**: 변경 사항이나 릴리스 문서로 인한 법적 문제 발생 시 책임의 한계에 관한 내용

이런 릴리스 노트는 고객에게 보고하는 문서인 만큼 계약에 의한 산출물로 취급될 수도 있다. 실제 재판에서 재판관이 릴리스 노트를 계약서에 준하는 문서로 판단할 수도 있다. 따라서 개발자가 주로 쓰고 완성하는 릴리스 노트에는 개발자의 법적 책임을 줄일 수 있는 내용, 즉 면책 조항을 꼭 적는 것이 좋다. 실제로 글로벌 기업의 릴리스 노트에는 다음과 같이 면책 조항이 쓰여 있다.

> 이 릴리스 노트의 내용은 예고 없이 변경될 수 있습니다. 당사 제품과 서비스에 대한 보증은 오직 제품 및 서비스와 함께 제공되는 명시적 보증서만을 근거로 합니다. 이 릴리스 노트의 어떤 내용도 추가 보증으로 해석할 수 없습니다. 당사는 이 문서에 포함된 기술적 오류나 편집상의 오류에 대해 책임을 지지 않습니다.

하지만 개발자가 릴리스 노트를 쓸 때 더 신경 써야 할 것이 있다. 바로 서술어다. 글을 쓰면서 서술어 하나 잘못 쓰면 비록 면책 조항이 있어도 질타를 크게 받을 수 있다. 다음 예를 보자.

> 일반적으로 업그레이드보다 새로 설치를 권장합니다. 제삼자 리포지터리에서 소프트웨어가 포함된 시스템의 경우에는 특히 그러합니다. 이전 설치로부터의 제삼자 패키지는 업그레이드된 Fedora 시스템에서 잘 작동하지 않을 수도 있습니다. 업그레이드를 실행하기로 결정하신 경우, 다음 내용을 참조하시기 바랍니다:

업그레이드하기 전 시스템 전체를 백업합니다. 특히 사용자 설정 패키지가 설치된 경우, /etc, /home,/opt and /usr/local을 저장합니다. 실패할 경우에 대비해 다른 파티션에 이전 설치의 "복제본"이 있는 다중 부팅 접근 방식을 사용하시고자 할 수 있습니다. 이러한 경우, GRUB 부트 플로피와 같은 다른 부팅 미디어를 생성합니다.

위 내용은 고객에게 업그레이드 대신 새로 설치할 것을 권장한다. 하지만 고객사 개발자가 시스템을 새로 설치하지 않고 업그레이드를 원할 때는 어떻게 하고 무엇을 주의해야 하는지 알려준다. 이렇게 함으로써 개발자가 면책을 만들어낼 수 있다.

이처럼 릴리스 노트를 통해 거래 회사 개발자에게 어떤 행동을 유도할 때는 그 행동이 필수인지, 권장인지, 선택인지를 명확히 알려줘야 한다. 이 세 가지는 보통 서술어로 구분해 쓸 수 있다.

필수

개발자가 독자가 반드시 해야 할 일을 필수로 명시하면 독자가 그 일을 하지 않아서 생기는 문제에 책임을 지지 않는다. 이때는 다음과 같이 표현한다.

- "~해야 한다."
- "~하지 않으면 안 된다."
- "~하면 안 된다."
- "~해서는 안 된다."

권장

어떤 문제를 해결하는 방법이 여러 가지가 있는 경우 개발자가 우선순위를 정해줄 때 쓴다. 개발자가 권장하지 않은 방법을 써서 생기는 문제에는 책임을 지지 않는다. 다음과 같이 표현하면 좋다.

- "~할 것을 권장한다."
- "~하는 것이 좋다."
- "~하는 것이 이상적이다."

선택

개발자가 독자에게 여러 옵션을 자유롭게 줄 수 있을 때 쓴다. 문제가 되지 않을 내용이거나 새로운 기능의 사용을 독촉할 때 쓴다.

- "~할 수도 있다."
- "~해도 된다."
- "~하는 방법이 있다."

개발자는 필수, 권장, 선택 외에도 독자가 릴리스 노트에 적힌 대로 하다가 문제가 생길 때를 대비해야 한다. 이번에 릴리스한 새로운 기능을 사용하면 기대한 결과가 나와야 하는데 그렇지 못한 경우가 있다. 이때 그 예외 사항을 명시해야만 면책이 될 수 있다. 다음 예를 보자.

이번 비디오 전송 향상은 기존 전송 방법을 획기적으로 개선하여 5배 이상의 속도를 낼 수 있습니다. 그러나 가상 데스크톱 환경의 구조적 제한으로 인해 비디오 전송이 원활하게 작동하지 않을 수도 있습니다.

또한, 미팅에서 비디오를 전송할 때 프레임 속도가 매우 낮을 수도 있습니다. 이로 인해 비디오 전송 시 최적의 사용자 경험을 제공하지 못할 수도 있습니다.

개발자에게 면책은 개발의 한계이자 도전 대상이다. 면책을 면책으로만 받아들이지 말고, 다음 릴리스 노트에는 해결 대상으로 적을 수 있게 해보자. 위 릴리스 노트의 면책 내용을 해결해 다음 릴리스 노트에 적으면 다음과 같다.

지난번 릴리스 노트에서 가상 데스크톱 환경의 구조적 제한으로 인해 비디오 전송이 원활하게 작동하지 않는 경우가 있다고 말씀드렸습니다. 이번 릴리스 에서 그 문제를 해결했습니다.

또한 미팅에서 비디오를 전송할 때 프레임 속도가 매우 느려진다고 했던 문제도 해결했습니다. 이제 비디오 전송 시 최적의 사용자 경험을 해보십시오.

비즈니스를 이해하는 장애 보고서 쓰기

장애 보고서의 특징

고객사 서비스 운영을 대행하는 개발자가 가장 싫어하는 것은 장애 보고서 작성이다. 하지만 장애 보고서를 쓸 사람은 개발자 말고는 없어서, 개발자가 장애도 고치고 보고도 해야 한다. 장애 고치랴 보고서 쓰랴 정신이 없다. 게다가 장애 보고서란 것이 보통의 개발 문서와 크게 달라서 장애 보고서의 특성을 충분히 이해하고 쓰지 않으면 쓸모가 없다. 장애 보고서의 특성을 하나씩 짚어보자.

첫째, 장애 보고서는 개발자가 원할 때 쓸 수 없다.

장애가 발생하기 전에 미리 쓸 수도 없고, 장애를 예상하고 써놓을 수도 없다. 오직 장애가 발생해서 인지하는 순간부터 장애 해결 직후나 다음날 오전까지가 장애 보고서를 쓰는 시간이다. 장애를 해결하면서 동시에 신속하고 계속적인 장애 보고 지시에 늘 시달린다. 그래서 무엇보다 신속한 글쓰기가 필요하다.

둘째, 장애의 1차 원인은 대부분 다른 원인의 결과다.

장애의 원인을 정확히 알아내려면 원인의 원인을 계속 찾아 나가야 한다. 더는 원인의 원인을 찾을 수 없을 때 그 원인이 장애의 최초 원인이다. 그런데 장애의 재발을 막으려면 원인만 해결해서는 안 된다. 그 원인이 발생한 이유를 알아야 한다. 이유는 사람에게 있다. 원인과 이유를 찾는 분석적 글쓰기가 필요하다.

셋째, 장애 보고를 받는 윗사람은 대부분 개발자가 아니다.

특히 인문계 출신의 임원은 장애를 곧 비즈니스에 주는 영향으로 본다. 1시간 동안 로그인 장애가 발생했다는 보고를 받으면 그들은 "그래서 손해가 얼마인가요?"라고 묻는다. 그래서 그들과 소통하기 위한 비즈니스 관점의 글쓰기가 필요하다.

넷째, 장애를 해결했다고 해서 100% 해결한 것은 아니다.

장애란 것이 원래 예상하지 못한 데서 발생한 것이니, 지금 어떤 처치를 했다고 해서 다시는 재발하지 않는다고 확정할 수 없다. 하지만 윗사람들은 늘 확정적인 대답을 원한다. 확정도 아니고 확정이 아닌 것도 아닌 애매한 표현을 싫어한다. 그래서 윗사람에게 보고할 때는 확정적이고 신뢰할 만한 결단을 정치적으로 내려야 한다. 그래서 정치적 글쓰기가 필요하다.

요약하면, 장애 보고서를 쓸 때는 다음과 같은 글쓰기 기법이 필요하다.

1. 질문에 대답하는 신속한 글쓰기
2. 원인과 이유를 찾는 분석적 글쓰기
3. 상사를 고려하는 비즈니스 관점의 글쓰기
4. 원하는 것을 얻는 정치적 글쓰기

질문에 대답하는 신속한 글쓰기

글을 빨리 쓰는 방법 중에 대화를 글로 옮기는 방법이 있다. 가까운 동료와 대화할 때 우리는 깊이 생각하느라 한참을 뜸 들이거나 할 말을 정하지 못해서 말을 안 하는 경우는 없다. 일단 무슨 말이든 내뱉고 나서 생각을 정리하고, 질문을 받으면 답하면서 다음 생각으로 이어간다. 이 방법을 글쓰기에 그대로 적용하면 신속하게 글을 쓸 수 있다.

예를 들어, 쇼핑몰 앱의 결제 기능에 장애가 생겨서 일부 사용자가 주문할 수 없다고 하자. 이 장애를 해결한 뒤 장애 보고서를 써야 한다. 우선 장애를 다음과 같이 아주 단순한 주어, 목적어, 서술어로만 쓰자.

> "사용자가(주어) 결제를(목적어) 할 수 없다(서술어)."

이제 이 문장에 동료가 다음과 같이 질문을 한다고 생각하고, 아는 대로 말로 대답하듯 쓰자.

> "뭐야, 뭐야? 무슨 일이야?"
> "말도 마. 오늘 오전 10시부터 11시까지 장애가 났지. 아주 난리였어. 사용자가 결제를 할 수 없었다니까."

> "그래서 어떻게 됐어?"
> "어떻게 되긴, 결제 시도가 100건이었는데 안 됐지. 장바구니에 넣고 1시간 이내에 결제하는 비율이 50% 정도인데, 이번 건은 결제가 정상화되고 1시간이 지났는데도 10%밖에 안 돼. 40%는 날아간 거지."

> "왜 그렇게 됐어?"
> "서버 개발자가 결제 모듈을 바꾸면서 모듈 인터페이스와 관련한 함수 하나를 바꿨는데, 그걸 나한테 안 알려준 거지. 그러니 내가 맡은 프런트에서 기존 함수를 호출하려니 안 된 거지."

"넌 어떻게 했는데?"

"어떻게 하긴. 서버 개발자한테 바뀐 함수를 받아서 내 쪽에서 코드를 수정했지."

"그럼 이제 장애는 해결된 거야?"

"그렇지. 이제 결제는 잘 되지."

"누가 잘못한 거야?"

"서버 개발자가 잘못한 거지. 함수를 바꾸려면 나한테 말하고 바꿨어야지."

"그럼 이제 어떻게 할 거야?"

"일단 우리 팀장이 서버 쪽 팀장하고 얘기해서 커뮤니케이션 방법을 바꿔야지. 문서로 하든, 주간 업무 협의를 하든 빨리 결정해서 보고해야겠지."

이렇게 말로 하듯 쓰면 금방 쓴다. 이렇게 쓴 것을 개조식으로 간단히 정리한다.

- "말도 마. 오늘 오전 10시부터 11시까지 장애가 났지. 아주 난리였어. 사용자가 결제를 할 수 없었다니까."

  ⇒ 사용자 결제 불가(10:00~11:00, 1시간)

- "어떻게 되긴, 결제 시도가 100건이었는데 안 됐지. 장바구니에 넣고 1시간 이내에 결제하는 비율이 50% 정돈데, 이번 건은 결제가 정상화되고 1시간이 지났는데도 10% 밖에 안 돼. 40%는 날아간 거지."

  ⇒ 장애 중 결제 시도 100건 → 1시간 후 결제 비율 10%(평균 50%)

- "서버 개발자가 결제 모듈을 바꾸면서 모듈 인터페이스와 관련한 함수 하나를 바꿨는데, 그걸 나한테 안 알려준 거지. 그러니 내가 맡은 프런트에서 기존 함수를 호출하려니 안 된 거지."

- ⇒ 서버 쪽 결제 모듈 변경 시 모듈 인터페이스의 함수를 수정했으나 프런트에서는 기존 함수 호출로 에러 발생

- "어떻게 하긴. 서버 개발자한테 바뀐 함수를 받아서 내 쪽에서 코드를 수정했지."
  ⇒ 서버 쪽의 바뀐 함수를 호출하도록 프런트 코드를 수정

- "그렇지. 이제 결제는 잘 되지."
  ⇒ 결제 기능 정상 작동

- "서버 개발자가 잘못한 거지. 함수를 바꾸려면 나한테 말하고 바꿨어야지."
  ⇒ 서버 쪽과 프런트 쪽 커뮤니케이션 단절

- "일단 우리 팀장이 서버 쪽 팀장하고 얘기해서 커뮤니케이션 방법을 바꿔야지. 문서로 하든 주간 업무 협의를 하든 빨리 결정해서 보고해야겠지."
  ⇒ 서버, 프런트 팀장이 소통 방법 협의하여 보고

정리해 보면 알겠지만, 동료의 질문은 곧 장애 보고서의 각 항목이다.

- "뭐야, 뭐야? 무슨 일이야?"
  ⇒ 장애 내용

- "그래서 어떻게 됐어?"
  ⇒ 장애 영향

- "왜 그렇게 됐어?"
  ⇒ 장애 원인

- "넌 어떻게 했는데?"
  ⇒ 조치 사항

- "그럼 이제 장애는 해결된 거야?"
  ⇒ 조치 결과

- "누가 잘못한 거야?"

    ⇒ 핵심 원인

- "그럼 이제 어떻게 할 거야?"

    ⇒ 향후 대책

이제 항목과 내용을 서식에 맞춰 쓰면 장애 보고서가 완성된다.

장애 보고서

제목: 서버 모듈 변경 문제로 사용자 결제 불가(10~11시)	
항목	**내용**
장애 내용	사용자 결제 불가(10:00~11:00, 1시간)
장애 영향	장애 중 결제 시도 100건 → 1시간 후 결제 비율 10%(평균 50%)
장애 원인	서버 쪽 결제 모듈 변경 시 모듈 인터페이스의 함수를 수정했으나 프런트에서는 기존 함수 호출로 에러 발생
조치 상황	서버 쪽의 바뀐 함수를 호출하도록 프런트 코드 수정
조치 결과	결제 기능 정상 작동
핵심 원인	서버 쪽과 프런트 쪽 커뮤니케이션 단절
향후 대책	서버, 프런트 팀장이 소통 방법 협의하여 보고

원인과 이유를 찾는 분석적 글쓰기

문제 해결 기법 중에 5Whys가 있다. 이것은 어떤 문제의 원인을 찾을 때 피상적인 원인이 아니라 근본적인 원인을 찾는 기법이다. 문제의 원인이 되는 인과 관계를 탐색할 때 다섯 번 반복해서 원인이 무엇인지 질문하는 방식이다. 예를 들어 자동차 시동이 걸리지 않는다고 하자.

1. 자동차 시동이 걸리지 않은 원인이 무엇인가?

   ⇒ 배터리가 방전되었다.

2. 배터리가 방전된 원인이 무엇인가?

   ⇒ 발전기가 작동하지 않았다.

3. 발전기가 작동하지 않은 원인이 무엇인가?

   ⇒ 발전기 벨트가 파손되었다.

4. 발전기 벨트가 파손된 원인이 무엇인가?

   ⇒ 발전기 벨트가 수명을 훨씬 넘겼다.

5. 발전기 벨트가 수명을 훨씬 넘긴 원인이 무엇인가?

   ⇒ 수명이 넘은 발전기 벨트가 교체되지 않았다.

이렇게 다섯 번 반복해서 "왜?"라고 질문함으로써 자동차 시동이 안 걸리는 근본 원인을 찾을 수 있다. 근본 원인을 못 찾고 피상적으로 발전기 작동만을 문제 삼았다면 발전기 자체를 교체해야 한다. 하지만 계속해서 질문함으로써 발전기 벨트만 교체해서 문제를 더 효율적으로 해결할 수도 있다.

그런데 5Whys를 사용할 때는 why의 뜻을 두 가지로 이해해야 한다. 첫째는, 사물이나 현상, 동작이 문제를 초래하는 원인, 둘째는 사람이 문제를 초래한 이유다. 원인은 어떤 일이나 사건이다. 이유는 사람이 어떤 일을 하거나 하지 않은 까닭이나 동기다. 그러니까 why는 어떤 일 또는 사람이다.

앞서 자동차 시동이 걸리지 않은 것을 5Whys로 분석할 때는 원인을 찾아간 것이었다. 하지만 지금 당장 수명이 넘은 발전기 벨트를 교체한다고 해서 자동차 시동이 안 걸리는 일이 다시 발생하지 않는 것은 아니다. 왜냐하면 교체한 발전기 벨트가 또 수명을 훨씬 넘어서까지 사용될 것이기 때문이다. 따라서 사고 재발을 막기 위해 자동차 주인이 발전기 벨트를 교체하지 않은 이유를 알아야 한다.

1. 자동차 시동이 걸리지 않은 원인이 무엇인가?

    …

5. 발전기 벨트가 수명을 훨씬 넘긴 원인이 무엇인가?

    ⇒ 수명이 넘은 발전기 벨트가 교체되지 않았다.

6. 자동차 주인이 수명이 넘은 발전기 벨트를 교체하지 않은 이유가 무엇인가?

    ⇒ 발전기 벨트 교체 주기를 몰랐다.

이제 이 문제이 재발을 막으려면 발전기 벨트를 교체하는 것뿐만 아니라 자동차 주인에게 발전기 벨트 교체 주기를 알려줘야 한다. 그 교체 주기가 2년이라면 2년이 되기 전에 어떤 식으로든 자동차 주인에게 발전기 벨트를 교체하라고 알려줘야 한다.

IT 분야에서 장애는 대부분 재발한다. 재발하는 원인은 시스템 자원이 늘 부족하기 때문이기도 하지만, 대부분 사람의 문제다. 한쪽에서 새로운 프로그램으로 바꿨는데, 그와 연관된 다른 쪽에서는 모르고 있다가 장애가 난다. 홈페이지 로그인 장애를 예로 들어서 원인과 이유의 차이를 보자. 우선 원인이다.

1. 로그인 기능이 작동하지 않는 원인이 무엇인가?

    ⇒ 아이디를 13글자 이상 입력하면 서버 프로그램에서 에러가 발생한다.

2. 서버에서 에러가 발생하는 원인이 무엇인가?

   ⇒ 서버 프로그램에서는 아이디가 12글자로 제한된다.

3. 서버 프로그램에서 아이디가 12글자로 제한된 원인이 무엇인가?

   ⇒ 데이터베이스에서 아이디가 12글자로 제한된다.

4. 데이터베이스에서 아이디가 12글자로 제한된 원인이 무엇인가?

   ⇒ 데이터베이스 관리자가 아이디 글자 수를 16글자에서 12글자로 바꿨다.

5. 데이터베이스에서 아이디 글자 수가 12글자로 바뀐 원인이 무엇인가?

   ⇒ 데이터베이스 관리자가 실수로 아이디를 12글자로 바꿨다.

마지막 원인을 몰라도 개발자는 홈페이지 로그인 작동 장애를 해결할 수 있다. 웹페이지에서 아이디를 12글자까지만 입력하게 하거나 데이터베이스의 아이디 기본 설정의 글자 수와 서버 프로그램의 아이디 글자 수를 12글자 이상으로 변경하면 된다.

하지만 데이터베이스 관리자가 바뀌거나 하면 똑같은 문제가 생길 가능성이 크다. 사람의 실수는 반복되기 때문이다. 그래서 재발을 원천적으로 막으려면 원인 대신 이유를 물어봐야 한다. 이유를 물어볼 때는 항상 사람이 주어가 돼야 한다.

1. 로그인 기능이 작동하지 않는 이유가 무엇인가?

   ⇒ 사용자가 아이디를 13글자 이상 입력했다.

2. 사용자가 13글자 이상을 입력하는 이유가 무엇인가?

   ⇒ 프런트 개발자가 13글자 이상 입력하게 허용했다.

3. 프런트 개발자가 13글자 이상 입력하게 허용한 이유가 무엇인가?

   ⇒ 서버 개발자가 아이디 글자 수를 16글자에서 12글자로 제한한 사실을 프런트 개발자가 몰랐다.

4. 프런트 개발자가 그 사실을 모른 이유가 무엇인가?

   ⇒ 서버 개발자가 프런트 개발자에게 알리지 않았다.

5. 서버 개발자가 그 사실을 프런트 개발자에게 알리지 않은 이유가 무엇인가?

   ⇒ 서버 개발자는 데이터베이스 개발자가 알려줄 것이라 생각했다.

6. 데이터베이스 개발자가 그 사실을 프런트 개발자에게 알리지 않은 이유가 무엇인가?

   ⇒ 데이터베이스 개발자는 서버 개발자가 알려줄 것이라 생각했다.

개발자 사이의 커뮤니케이션 오류가 바로 핵심 원인이다. 이제 이 문제의 재발을 막으려면 데이터베이스 개발자, 서버 개발자, 프런트 개발자의 커뮤니케이션 문제를 해결해야 한다. 어떤 변경이 있을 때 그 내용을 공유하는 주간 변경 회의를 열거나 변경 관련 이메일을 보낼 때 모두 참조하게 하는 것도 방법이다.

상사를 고려하는 비즈니스 관점의 글쓰기

기획자는 개발자가 뭐든 할 수 있다고 생각한다. "기획자가 생각한 것을 개발자가 구현하지 못하면 전적으로 개발자의 능력 부족이다." 디자이너는 모든 것이 디자인이라고 생각한다. "디자인이야말로 볼품없는 가방을 명품으로 만드는 유일한 방법이다." 장애를 보고받는 사람들은 모든 것을 돈으로 생각한다. "장애를 손실로 환산할 수 없다면 장애를 일으킨 서비스가 왜 필요한지 증명하라."

세상이 이상한 것 같지만, "가진 것이 망치뿐이면 모든 것이 못으로 보인다(if all you have is a hammer, everything looks like a nail)."라는 말처럼 각자 자기 위치와 입장에서 최선을 다하는 것뿐이다. 일단 이 사실을 인정하자. 그래야 윗사람에게 장애 보고를 할 때 그들과 같은 비즈니스 관점에서 할 수 있다.

모든 직원의 역할과 업무와 성과는 모두 월급이나 상여금 같은 돈으로 연결되어 측정된다. 비즈니스도 마찬가지다. 모든 활동은 매출과 비용으로 연결되고 측정된다. 회사에서 어떤 일이 매출이나 비용으로 측정될 수 없다면 그 일을 해서는 안 된다. 개발자가 장애를 해결하는 일도 매출을 늘리거나 비용을 줄이기 위함이다.

장애 보고서를 비즈니스 관점으로 쓴다는 것은 이처럼 매출과 비용 관점으로 설명하는 것이다. 쇼핑몰 결제 기능이 작동하지 않은 예를 다시 보자. 개발자 관점과 비즈니스 관점은 다음과 같이 큰 차이가 있다.

- **(개발자 관점)** 장애로 인해 사용자가 1시간 동안 결제하지 못함
- **(비즈니스 관점)** 장애로 인해 OO억 원의 매출 손실이 발생함

개발자 관점은 결제 기능이 작동하지 않은 것이지만, 비즈니스 관점은 기대 매출의 손실이 발생한 것이다. 따라서 장애로 인한 손실을 계산하는 것이 곧 비즈니스 관점으로 장애를 보고하는 방법이다. 장애에서 손실을 계산하는 방법은 어렵지 않다. 다음과 같은 순서로 손실을 계산할 수 있다.

1. 장애 발생 시간대의 기대 매출을 계산한다. 예컨대 최근 1개월의 같은 요일 같은 시간대 매출을 평균한 값을 기대 매출로 볼 수 있다. 장애 시간에 특정한 이벤트를 계획했다면 계획한 매출 목표를 기대 매출로 잡을 수도 있다.

2. 장애 때 실제 발생한 매출을 계산한다. 결제 모듈이 완전히 마비됐다면 실제 매출은 0원일 것이다.

3. 따라서 매출 손실은 기대 매출에서 실제 매출을 뺀 값이다.

4. 그런데 사용자가 결제 장애 때 장바구니에 담은 상품을 장애가 해결된 뒤에 결제할 수도 있다. 장애 직후 특정 시간까지 매출이 과거 평균보다 월등히 높아진다면 이때 늘어난 매출은 장애로 인해 지연된 매출이다. 이런 지연 매출을 매출 손실로 볼지 말지는 논의가 필요하지만, 개발자 입장에서는 지연 매출도 결국은 매출임을 주장해야 한다.

5. 지연 매출도 매출로 인정한다면 매출 손실은 기대 매출에서 실제 매출과 지연 매출을 뺀 값이 된다.

결제 장애는 매출과 직결된다. 그렇다면 결제와 관계없는 장애는 어떻게 돈으로 연결할까?

예를 들어 상품을 판매하지 않고, 회사를 소개하는 단순한 홈페이지가 있다고 하자. 이 홈페이지 서버에 장애가 발생해서 접속을 할 수 없다. 이 경우 매출 손실을 어떻게 계산할 수 있을까?

회사 홈페이지는 분명 매출과 직접적인 관계가 없다. 하지만 회사 홈페이지가 매출에 간접적으로 영향을 준다고 생각하기 때문에 많은 기업이 회사 홈페이지를 운영한다. 그렇다면 간접적인 영향은 정확히 무엇일까?

회사 홈페이지를 광고 매체라고 간주하면 홈페이지를 방문하는 사람은 잠재고객이다. 회사 홈페이지를 방문하는 잠재고객이 충분하다면 이 회사는 굳이 포털 사이트 같은 곳에 광고 배너를 걸지 않을 것이다. 하지만 회사 홈페이지를 방문하는 잠재고객이 원하는 만큼 많지 않으므로 포털 사이트에 돈을 주고 광고 배너를 건다.

한 회사가 포털 사이트에 광고 배너를 걸고 잠재고객이 클릭할 때마다 1,000원을 포털 사이트에 광고비로 지급한다고 하자. 그런데 잠재고객이 포털 사이트에서 광고 배너를 클릭했지만 배너와 연결된 홈페이지의 서버에서 장애가 발생하여 접속하지 못했다고 하자. 그러면 광고를 클릭한 사람에 광고 단가인 1,000원을 곱하여 산출한 금액만큼 비용 손실을 본다. 광고 효과를 못 보고 광고비만 날린 셈이다. 만약 잠재 고객 100명이 클릭했는데 홈페이지에 접속을 못했다면 광고 손실이 100,000원이 된다.

손실은 여기서 그치지 않는다. 매출을 계산해 보자. 회사 홈페이지에 접속한 사람이 회사 홈페이지에서 제품을 구매하지는 못한다. 하지만 회사의 브랜드에 신뢰를 갖거나 제품에 대해 문의할 수도 있다. 그간의 통계를 보니 회사 홈페이지에 접속하는 100명 중 5명이 제품 구매를 문의하고 그중 1명이 오프라인 매장에서 100만 원짜리 제품을 구매한다고 하자.

그렇다면 홈페이지에 접속하지 못한 잠재고객 100명 중 1명은 100만 원의 매출을 일으킨다고 볼 수 있으므로, 기대 매출 손실은 100만 원이다. 비용 손실과 기대 매출 손실을 합하면 홈페이지 접속 장애의 총 손실이 된다.

- 네트워크 장애로 24시간 동안 홈페이지 접속이 안 됐음

- 홈페이지 접속 장애로 네티즌 100명가량이 접속할 수 없었음

- 홈페이지 접속 장애로 100명의 고객이 접속하지 못해 기대 매출 손실 100만 원, 비용 손실 10만 원으로 총 110만 원의 손실 발생

원하는 것을 얻는 정치적 글쓰기

장애는 보통 예상하지 못한 데서 발생한다. 그러니 장애를 해결했다고 해서 다시는 그 장애가 발생하지 않는다고는 볼 수 없다. 게다가 장애가 재발할 때도 미묘한 차이가 있다. 처음 장애와 완전히 똑같은 장애가 아니라 조금 다른데, 그 차이를 설명하기가 너무 어렵고 애매할 때가 있다.

그런데 윗사람은 보통 확정적인 대답을 원한다. 딱 부러지게 그렇다 아니다라는 대답을 원한다. 심지어 재발 가능성을 백분율로 말해주기까지 원한다. 다음 대화를 보자.

"김 팀장님. 그래서 이번 장애를 완벽히 해결한 건가요?"

"본부장님. 일단 해결은 했습니다. 완벽히 해결했다고 볼 수 있긴 합니다만⋯."

"김 팀장님. 그래서 완벽히 해결했다는 건가요, 안 했다는 건가요?"

"재발 가능성이 전혀 없지는 않습니다."

"재발 가능성이 있다면 완벽한 해결은 아니지 않습니까? 재발 가능성이 몇 퍼센트입니까?"

"딱 부러지게 몇 퍼센트라 할 수는 없고요. 가능성이 전혀 없는 것은 아닙니다만, 그렇게 염려할 수준은 아닙니다."

"그래서 몇 퍼센트라는 겁니까?"

"퍼센티지로 말하기가 좀 어려운 데요…. 굳이 말하자면 10% 정도…."

"그럼 재발 가능성이 있다는 거잖습니까?"

김 팀장이 하는 말을 보카시(ぼかし) 장난이라고 한다. 보카시는 우리말로 하면 바림 염색인데, 색의 경계를 흐릿하게 해서 염색하는 방법이다. 포토샵이나 파워포인트에서 도형에 그라데이션gradation을 주는 것과 비슷하다. 보카시 장난은 경계가 뚜렷하지 않게 말을 흐리게 하는 것이다. 영화 〈내부자들〉(2015)에서 신문사 주필 이강희(백윤식 분)가 우장훈 검사(조승우 분)에게 심문받을 때 보카시 장난을 설명한다.

"어떠어떠하다고 보기 힘들다. 이런 말 많이 하잖아요. 검찰에서 피의자 조사할 때도 그렇고, 언론에서 기사 작성할 때도 자주 쓰곤 하죠. 그런데 이게 다 보카시 장난이란 건 알아요? 의도가 있다고 보기 힘들다. 고의가 있다고 보기 힘들다. 연관이 있다고 보기 힘들다. 청탁이 있다고 보기 힘들다. 그런데 이게 안상구 같은 깡패한테는 어떻게 적용이 될까요? 의도가 있다고 볼 수 있다. 고의가 있다고 볼 수 있다. 연관이 있다고 볼 수 있다. 청탁이 있다고 볼 수 있다. 심지어는 매우 보여진다라고도 쓸 수 있죠. 같은 말이라도 누구는 어떠어떠하다고 보기가 힘든데, 누구는 어떠어떠하다고 매우 보여진다는 겁니다."

윗사람은 아랫사람이 보카시 장난을 치는 것을 매우 싫어한다. 자기를 갖고 논다고 생각한다. 그들이 모호한 표현을 싫어하는 이유는 의사결정을 내리기 어렵기 때문이다. 의사결정을 내리려면 아랫사람에게 정확한 정보를 들어야 하는데, 아랫사람이 보카시 장난으로 말을 하면 의사결정을 할 수 없다. 그래서 개발자는 좀 더 정치적으로 확정해서 말할 필요가 있다. 재발할지도 모른다면 그냥 재발 가능성을 20%라고 말하면 된다. 다음은 재발 가능성을 퍼센티지별로 표현해 본 것이다.

장애 재발 가능성	표현
1%	절대 재발하지 않는다
10%	재발하지 않는다
20%	재발할지도 모른다
30%	재발할 수도 있다
40%	재발한다고 볼 수도 있다
50%	재발할 수 있다
60%	재발하지 않는다고 볼 수 없다
70%	재발한다고 보여진다
80%	재발한다
90%	재발할 것이 틀림없다
99%	반드시 재발한다

윗사람에게 확정해서 말하는 것과 비슷하게, 개발자는 어떤 일을 과격하게 표현해야 할 때가 있다. 시스템 장애를 개발자의 야근으로 해결할 수 없을 때는 어떻게든 예산을 들여서 시스템을 확장하든 솔루션을 구매하든 해야 한다.

예를 들어 데이터 센터의 냉방기가 노후화되어 작은 불꽃에도 화재가 발생할 염려가 있다고 하자. 보고서에 다음과 같이 쓰면 윗사람 누구도 냉방기를 교체하지 않는다.

"냉방기 미교체 시 화재 발생 염려"

그러나 만약 다음과 같이 바꿔 쓴다면 윗사람들이 깜짝 놀라 예산을 마련할 것이다.

"냉방기 폭발 시 서비스 전면 중단"

"냉방기 폭발 시 대표이사 구속 100%"

장애가 발생할 확률이 10%도 안 되는데 90%인 양 호들갑을 떨거나, 장애 발생 확률이 99%나 되는데도 별일 아니라고 보고하면 안 된다. 그런 보고는 모두 허위보고이기 때문이다. 정치적 글쓰기는 자신의 처지를 따지거나 상사 눈치를 살펴 가면서 얼버무리듯 보고하는 것이 아니다. 정확한 단어와 문장으로 현상과 사실을 있는 그대로 표현하는 것이다. 개발자야말로 정치적으로 글을 쓰고 보고해야 한다.

5장

설명, 묘사, 논증, 서사로 개발 가이드 쓰기

01
서비스 개념을 범주, 용도, 특징으로 설명하자

범주, 용도, 특징

서비스 매뉴얼이나 개발 가이드의 첫 문단은 서비스 개념을 설명하는 자리다. 독자가 첫 문단에서 서비스 개념을 확실히 잡지 못하면 이후에 나오는 내용을 제대로 이해할 수 없다.

개발자가 독자에게 서비스 개념을 설명할 때는 범주, 용도, 특징 순으로 쓰는 것이 좋다. 독자가 잘 아는 범주를 먼저 말한다. 그러면 독자는 안심하면서 머릿속으로 해당 범주를 떠올린다. 그다음에 그 범주의 용도를 말하면 독자는 자연스럽게 서비스의 용도와 같음을 알아차린다. 마지막으로 그 범주 내의 유사 서비스와 차별화하는 특징을 말하면 독자는 서비스의 개념을 정확히 이해한다. 개발자만 아는 것부터 다짜고짜 들이대는 것이 아니라, 독자가 이미 아는 것을 먼저 가져다가 찬찬히 설명해 나가는 방법이다.

예를 들어, 다음은 AWS가 Amazon S3를 설명하는 첫 문단이다. 범주, 용도, 특징을 각각 한 문장으로 썼다.

> **(범주)** Amazon Simple Storage Service(Amazon S3)는 인터넷 스토리지 서비스입니다.

> **(용도)** Amazon S3를 사용하면 인터넷을 통해 언제 어디서든 원하는 양의 데이터를 저장하고 검색할 수 있습니다.

(특징) AWS Management Console의 간단하고 직관적인 웹 인터페이스를 통해 이러한 작업을 수행할 수 있습니다.

네이버도 Clova 개발 가이드 문서의 시작을 다음과 같이 범주, 용도, 특징으로 썼다.

(범주) Clova는 NAVER가 개발 및 서비스하고 있는 인공지능 플랫폼입니다.

(용도) Clova 사용자의 음성이나 이미지를 인식하고 이를 분석하여 사용자가 원하는 정보나 서비스를 제공합니다.

(특징) 3rd party 개발자는 Clova가 가진 기술을 활용하여 인공 지능 서비스를 제공하는 기기 또는 가전제품을 만들거나 보유하고 있는 콘텐츠나 서비스를 Clova를 통해 사용자에게 제공할 수 있습니다.

지금부터 범주, 용도, 특징을 쓰는 구체적인 방법을 배워보자.

범주를 정확하고 적절하게 선택하자

AWS는 Amazon S3의 범주를 독자에게 익숙한 인터넷 스토리지 서비스로 정의한다. 이 경우 독자는 머릿속에 든 인터넷 스토리지 서비스의 범주에 Amazon S3를 추가하기만 하면 된다. 개발자는 독자가 이미 가진 범주를 사용함으로써 서비스의 개념을 간단하고 정확히 설명할 수 있다.

여기서 주의할 점이 있다. 동물이나 사물의 범주가 단일 용어를 사용하는 것과 달리, 산업이나 서비스의 범주는 유사한 용어를 여러 개 사용한다. 예를 들어, 포유류라는 범주는 예나 지금이나 포유류라는 용어로 설명한다.

그런데 인터넷 스토리지 서비스는 과거에 웹하드 서비스나 웹 스토리지 서비스, 파일 호스팅 서비스, 온라인 스토리지 서비스 등으로 불렸고, 지금은 클라우드 스토리지 서비스라는 용어를 사용한다. 다음 중 어떤 것이 Amazon S3를 더 잘 설명하는 범주인지 선택해 보자.

Amazon S3는 (   ) 서비스입니다.

웹하드

웹 스토리지

파일 호스팅

인터넷 스토리지

클라우드 스토리지

클라우드 오브젝트 스토리지

모두 비슷한 듯하지만, 서비스 방식이 조금씩 다르다. 일반적으로 웹하드 서비스, 웹 스토리지 서비스, 파일 호스팅 서비스는 별도의 클라이언트를 설치하거나 ActiveX를 이용해 파일을 올리거나 내려받는다.

클라우드 스토리지 서비스는 HTTP 프로토콜을 이용해 파일을 올리거나 내려받는다. 인터넷 브라우저에서 바로 사용할 수 있으므로 클라우드 스토리지 서비스만으로 웹 서비스가 가능하다. 네이버 클라우드 플랫폼은 서비스 이름을 오브젝트 스토리지로 정했다. 이런 미묘한 차이 때문에 개발자가 범주를 정할 때는 신중하게 결정해야 한다.

현업에서는 비 개발자가 서비스의 범주를 정하는 경우가 많다. 그래서 지나치게 트렌드에 앞선 범주를 사용하거나 신조어를 만들거나 정부나 학계의 업종 구분을 사용하기도 한다. 예를 들면 다음과 같다.

Amazon S3는 디지털 트윈 스토리지 서비스입니다.

Amazon S3는 클라우드 파일 브라우징 서비스입니다.

Amazon S3는 네트워크 설비 대여 및 운영 대행 서비스입니다.

독자는 '디지털 트윈 스토리지 서비스'라는 말이 생소해서 바로 구글링할 것이다. '클라우드 파일 브라우징 서비스'는 한 단어씩 떼서 해석할 것이다. '네트워크 설비 대여 및 운영 대행 서비스'는 전혀 서비스의 개념처럼 느끼지 못할 것이다.

범주는 서비스를 소개하거나 설명하는 첫 문장인 만큼 정확하고 적절하게 정해야 한다. 가장 좋은 방법은 여러 경쟁사가 사용하는 보편적인 서비스 범주를 따라 하는 것이다. 경쟁사 홈페이지의 설명을 보면 적절한 범주를 파악할 수 있다. 예를 들어, 사람들이 등록한 아이디어에 여러 사람이 투자하는 서비스의 이름이 ABC라고 하자. ABC와 유사한 서비스를 제공하는 웹사이트에서 서비스를 설명한 내용은 다음과 같다.

> **와디즈:** 크라우드펀딩, 스타트업 투자, 영화 투자, 아이디어 제품, 신제품 런칭, 임팩트 투자
>
> **텀블벅:** 창작자를 위한 크라우드펀딩 플랫폼 텀블벅
>
> **오마이컴퍼니:** 크라우드펀딩, 후원형, 투자형, 소셜펀딩, 스타트업, 소셜벤처, 사회적기업, 크라우드펀딩대회, 사회적기업 크라우드펀딩대회
>
> **크라우디:** 크라우드펀딩, 멋진 아이디어, 명품 스타트업, 스타트업 투자, 영화투자

경쟁사 웹사이트의 설명이 한결같이 '크라우드펀딩'이란 범주를 사용했다. 개발자는 ABC를 소개하는 첫 문장에 이 범주를 사용하면 된다.

　ABC는 크라우드펀딩 서비스입니다.

ABC가 크라우드펀딩 범주에 속하지만, 다른 서비스와 조금 차이가 있다면 다음과 같이 쓸 수 있다.

ABC는 크라우드펀딩 서비스의 일종입니다.

ABC는 일종의 크라우드펀딩 서비스입니다.

"ABC는 (   )한 크라우드펀딩 서비스입니다."처럼 수식을 한정해서 사용하면 차이를 돋보이게 할 수 있다.

- **경쟁사보다 전반적으로 발전한 서비스라면**

ABC는 보다 발전된 크라우드펀딩 서비스입니다.

ABC는 크라우드펀딩 2.0 서비스입니다.

- **특정 사용자를 위한 서비스라면**

ABC는 개발자를 위한 크라우드펀딩 서비스입니다.

ABC는 주부만을 위한 크라우드펀딩 서비스입니다.

- **개발사가 유명하거나 공공성을 강조하고 싶다면**

ABC는 NAVER가 개발하고 운영하는 크라우드펀딩 서비스입니다.

ABC는 미래창조과학부와 ㈜ABC가 공동으로 제공하는 크라우드펀딩 서비스입니다.

- **새로운 범주를 만들고 싶다면**

ABC는 크라우드옥션 서비스입니다.

ABC는 내 집 마련을 위한 크라우드파이낸싱 서비스입니다.

강력한 마케팅을 전개할 수 있다면 완전히 새로운 개념의 범주를 만들어서 사용할 수 있다. 범주를 선점하는 회사가 해당 범주의 대표주자가 되기 때문이다. 데이콤이 웹하드라는 이름으로 서비스를 시작하면서 웹하드가 하나의 범주로 자리 잡았다. 그 덕에 데이콤은 웹하드 분야의 선두주자가 됐다. 크라우드펀딩도 2008년 이전까지는 P2P 펀딩이나 소셜펀딩으로 불리다가 인디고고와 킥스타터가 크라우드펀딩이란 범주를 사용하면서 널리 알려졌다.

마케팅에 관심이 있거나 스타트업 대표를 겸하는 개발자라면 서비스의 범주를 신중하게 정해야 한다. 범주는 서비스의 정체성을 나타낼 뿐만 아니라 검색어와도 연관이 있다. 많은 문서의 첫 문단, 첫 문장에 범주가 사용되는 이유가 여기에 있다.

용도를 범주의 핵심 기능으로 기술하자

첫 문단의 첫 문장에 범주가 사용된다면 첫 문단의 두 번째 문장은 독자 관점의 용도를 주로 적는다. 용도는 독자가 이 서비스를 이용하는 이유다. 독자가 서비스 매뉴얼이나 개발 가이드를 읽는 이유는 서비스의 핵심 기능을 사용하기 위해서다. 따라서 서비스의 핵심 기능을 쓰면 용도를 기술할 수 있다. AWS는 Amazon S3의 용도이자 핵심 기능을 다음과 같이 표현한다.

> Amazon S3를 사용하면 인터넷을 통해 언제 어디서든 원하는 양의 데이터를 저장하고 검색할 수 있습니다.

네이버는 Clova의 용도이자 핵심 기능을 다음과 같이 표현한다.

> Clova 사용자의 음성이나 이미지를 인식하고 이를 분석하여 사용자가 원하는 정보나 서비스를 제공합니다.

서비스의 핵심 기능은 서비스가 속한 범주의 핵심 기능과 같다. Amazon S3가 속한 인터넷 스토리지 서비스 범주의 핵심 기능은 인터넷을 통해 언제 어디서든 원하는 양의 데이터를 저장하고 검색하는 것이다. 네이버 Clova가 속한 인공지능 플랫폼의 핵심 기능은 사용자의 음성이나 이미지를 인식하고 분석하여 사용자가 원하는 정보나 서비스를 제공하는 것이다.

이처럼 범주의 핵심 기능을 용도로 설명함으로써 독자의 머릿속에 서비스의 정체성을 명확히 심을 수 있다. 실제로 우리는 일상에서도 이런 식으로 설명한다.

> 이 제품은 일종의 드릴입니다. 드릴을 사용하면 구멍을 뚫을 수 있습니다. (이 제품도 구멍을 뚫는 데 사용합니다.)
>
> 이 제품은 워드프로세서입니다. 워드프로세서를 사용하면 문서를 작성할 수 있습니다. (이 제품은 문서 작성 기능을 제공합니다.)

막상 용도를 쓰려고 하면 그리 쉬운 일은 아니다. 하지만 개발자 관점에서 핵심 기능을 잘 추리기만 해도 괜찮은 문장을 만들 수 있다. 예를 들어 네이버의 인공지능 플랫폼을 개발자 관점에서 보면 다음과 같이 크게 4가지 시스템으로 나눌 수 있다.

- Clova Interface Connect: 사용자의 앱/스피커와 Clova 연결
- Clova Interface: 음성 인식, 이미지 처리
- Clova Brain: 인공지능 대화, 자동 추천, 신경망 기반 자동번역
- Clova Skill Tools: Clova Brain과 사용자의 콘텐츠/서비스 연결

이를 다음과 같이 그대로 연결해 보자.

> 인공지능 플랫폼을 사용하면 사용자의 앱/스피커에서 음성과 이미지를 인식하여 인공지능 대화, 자동 추천, 신경망 기반 자동번역 등을 통해 사용자의 콘텐츠/서비스에 연결할 수 있습니다.

이 문장을 좀 더 매끄럽게 다듬어 보자. '사용자의 앱/스피커에서 음성과 이미지를 인식하여'는 기기를 스마트폰과 스피커로 한정한다. 인공지능 플랫폼이라는 범주는 사용자의 다양한 환경에서 다양한 형식의 정보를 받을 수 있다. 따라서 앱/스피커를 빼고 '사용자'로만 정의하는 것이 낫다.

'음성과 이미지를 인식하여' 부분은 고민이 필요하다. 우선 음성과 이미지로만 형식을 한정할 수 없다. 텍스트나 영상, 특정한 행동 데이터를 인식할 수도 있기 때문이다. 그렇다고 이런 다양한 형식을 일일이 나열할 수는 없으므로 좀 더 추상적인 표현이 필요하다. 자세히 보면 인공지능의 인식은 사용자의 요구 때문이다. 즉, 사용자의 요구가 곧 음성이고 이미지고 텍스트고 영상이다. 따라서 '사용자의 요구'로 대체할 수 있다.

그다음, 인공지능 대화, 자동 추천, 신경망 기반 자동번역은 핵심 기능이다. 하지만 이렇게 하나씩 나열하는 것보다는 이런 기능을 추상적으로 묶는 '인공지능으로 분석하여' 같은 표현이 적절하다.

마지막으로 '사용자의 콘텐츠/서비스에 연결할 수 있다'라는 표현은 '사용자가 원하는 정보나 서비스를 제공한다'로 바꾸면 훨씬 매끄럽다.

이렇게 해서 문장을 다시 쓰면 다음과 같다.

> 인공지능 플랫폼은 사용자의 요구를 인식하여 인공지능으로 분석해서 사용자가 원하는 정보나 서비스를 제공합니다.

특징을 장점과 강점에서 뽑아 쓰자

범주와 용도에는 보편적인 내용을 적는다. 하지만 특징은 차별화하는 내용을 적어야 한다. 개발자에게 차별화는 서비스의 장점과 강점이다. 장점은 자기 기준에서 잘하는 것이고, 강점은 경쟁 서비스와 비교해서 나은 것이다.

예를 들어 보자. 철수가 학교에서 시험 점수를 받아왔다. 국어 95점, 영어 80점, 수학 70점. 학년 평균은 국어 95점, 영어 60점, 수학 70점이다.

구분	국어	영어	수학
철수	95	80	70
학년 평균	95	60	70

이때 철수의 장점과 강점은 무엇일까?

- **장점**: 국어를 잘한다.

- **강점**: 영어를 잘한다.

장점은 자기 기준이다. 자기가 할 수 있는 여러 가지 중에서 특별히 잘하는 것이다. 국어, 영어, 수학 중에서 국어 점수를 가장 잘 받았다는 측면에서 국어를 잘하는 것이 장점이다. 그렇다고 해서 국어를 잘하는 것이 강점이라고는 할 수 없다. 국어 점수가 학년 평균과 같기 때문이다.

그런데 영어 점수는 학년 평균보다 20점이나 높다. 강점이라고 할 만하다. 장점과 강점을 헷갈리지 않으려면 강점 앞에 '경쟁사와 비교하면...'을 붙이면 된다.

AWS가 Amazon S3의 특징으로 쓴 문장을 다시 보자.

> **(특징)** AWS Management Console의 간단하고 직관적인 웹 인터페이스를 통해 이러한 작업을 수행할 수 있습니다.

Amazon S3의 특징은 '간단하고 직관적인 웹 인터페이스'다. 만약 Microsoft Azure나 NAVER Object Storage도 간단하고 직관적인 웹 인터페이스를 가졌다면 강점이 아니라 장점이다.

Microsoft의 Azure는 '데이터, 앱 및 워크로드에 대해 대규모로 확장 가능하며 안전한 클라우드 스토리지'를, NAVER의 Object Storage는 '다양한 콘솔 기능에 연결 가능한 데이터 저장 공간'을 앞세운다. 이런 것을 모아 다음 표와 같이 5점 척도로 점수를 매기면 강점과 장점을 동시에 비교할 수 있다.

구분	A 사	B 사	C 사
기능 a	5	1	3
기능 b	1	3	1
기능 c	3	4	5

A사의 장점은 기능 a다. 그리고 기능 a에 강점이 있는 회사도 A사다. 즉, A사에게 기능 a는 장점이자 강점이다.

B사의 장점은 기능 c다. 하지만 기능 c를 강점으로 가진 회사는 C사다. B사의 강점은 기능 b다.

C사의 장점은 기능 c다. C사에게 기능 c는 장점이면서 강점이다.

서비스 개념에서 특징을 쓸 때는 장점이자 강점인 것을 쓰는 것이 가장 좋다. 장점이자 강점인 것이 없다면 장점과 강점을 합쳐서 한 문장으로 쓰는 것도 좋은 방법이다.

【장점이자 강점인 것 하나를 쓴 예】
　ABC 서비스는 최고의 안정성을 제공합니다.

【장점과 강점을 한 문장에 같이 쓴 예】
　ABC 서비스는 간단하고 직관적인 웹 인터페이스와 안정적인 서비스를 제공합니다.

02
정확히 이해하도록 그림과 글로 묘사하자

글에 묘사를 더하면 이해가 빠르다

묘사는 어떤 대상이나 사물, 현상을 언어로 서술하거나 그림을 그려서 표현하는 것이다. 소설이나 시는 언어만 가지고 독자의 머릿속에 그림을 그린다. 우리도 회사에서 언어로만 어떤 것을 묘사하는 경우가 있다. 예를 들어, 워크숍을 다녀와서 사진을 공유하는 이메일을 보낸다고 하자. 이메일 제목에 흔히 '지난주 워크숍 사진 공유'라고 쓴다. 여기에 워크숍 현장을 묘사하는 언어를 더하면 이메일을 열어보기도 전에 상내의 머릿속에 워크숍 장면을 그릴 수 있다.

- [시각 묘사] 상다리가 부러질 뻔한 워크숍 사진 공유

- [청각 묘사] 소곤소곤 깊은 대화를 나눈 워크숍 사진 공유

- [후각 묘사] 코끝을 톡 쏘는 화이트와인과 함께한 워크숍 사진 공유

- [미각 묘사] 씹고! 물고! 뜯고! 워크숍 사진 공유

- [촉각 묘사] 온몸으로 부대끼며 열정을 태운 워크숍 사진 공유

어떤 것을 언어로만 묘사하려면 작가와 독자가 어느 정도 같은 경험을 가져야 한다. 산을 한 번도 보지 못한 독자에게 산을 묘사해 주기는 쉽지 않다. 개발 문서가 특히 그렇다.

ABC 서비스 개발문서는 ABC 서비스를 개발해본 적이 없는 개발자에게 개발 방법을 알려주는 문서다. 언어로만 묘사하기에는 한계가 있다. 그래서 문학 작품에 삽화를 그려 넣듯 개발문서에도 그림을 그려 넣어야 할 때가 많다.

다음 사례를 보자. 팀 워크숍 계획서 문서다. 표지 사진만 다를 뿐인데 어떤 워크숍인지 바로 짐작할 수 있다.

개발문서는 꽤 복잡한 글이다. 개발 원리나 구조를 말할 때는 개발자끼리도 대화가 안 통할 때가 있다. 그럴 때 독자는 머릿속으로, 또는 종이에 그림을 그려가면서 이해하려고 노력한다.

다음 예를 보자. NAVER 인공지능 플랫폼 중에 Clova Chatbot이 있는데, 다음은 Clova Chatbot의 작동 구조를 설명한 글이다.

Clova는 클라이언트에서 입력된 사용자의 발화를 인식하고 사용자의 발화를 분석합니다. 분석된 발화가 Clova Chatbot이 처리할 내용이라면 Clova는 분석된 사용자의 발화 정보를 Clova Chatbot에 전달합니다. Clova Chatbot은 미리 등록된 Interaction 모델인 챗봇 대화를 참조해 사용자의 질문 유형을 확인하며, 해당 질문 유형에 작성해 놓은 답변을 Clova가 사용자에게 전달하도록 요청합니다.

이 예문을 글만 읽어서는 정확히 어떤 구조인지 알 수 없다. 글을 읽으면서 같이 그림을 그려보자.

우선, 한 문단으로 된 글을 주어를 기준으로 나눠서 주어별로 모듈로 만든다.

- [Clova] Clova는 클라이언트에서 입력된 사용자의 발화를 인식하고 분석합니다. 분석된 발화가 Clova Chatbot이 처리할 내용이라면 Clova는 분석된 사용자의 발화 정보를 Clova Chatbot에 전달합니다.

- [Clova Chatbot]은 미리 등록된 Interaction 모델인 챗봇 대화를 참조해 사용자의 질문 유형을 확인하며, 해당 질문 유형에 작성해 놓은 답변을 Clova가 사용자에게 전달하도록 요청합니다.

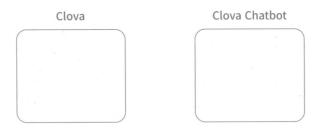

그다음, 주어의 기본 업무를 정의한다. Clova의 기본 업무는 '사용자의 발화 인식과 분석'이다. Chatbot의 기본 업무는 'Interaction 모델을 참조해 사용자의 질문 유형을 확인하여 답변'하는 것이다.

마지막으로, 각 주어의 앞뒤 연결을 정의한다. Clova는 사용자의 발화를 클라이언트에서 얻는다. 그리고 분석된 사용자의 발화 정보를 Clova Chatbot에 전달한다. Clova Chatbot은 답변을 Clova에 제공해 사용자에게 전달하도록 요청한다.

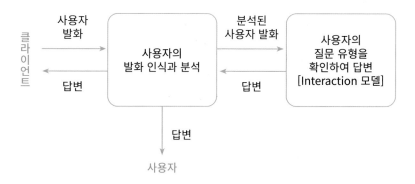

이 그림이 글을 있는 그대로 묘사한 것이다. 독자가 글을 읽으면서 머릿속으로 이런 그림을 그렸다면 글을 정확히 이해했다고 볼 수 있다. 그렇다면 처음부터 이 그림을 제시하면 어떨까? 글 아래에 그림을 그려 넣으면 독자가 직접 그림을 그리지 않아도 되고 더 빨리 이해할 것이다.

글과 그림의 내용을 일치시키자

개발문서에는 글과 코드만 들어가지 않는다. 그림이나 사진이 많다. 레고 같은 제품은 아예 글자가 없이 그림과 사진으로만 설명한다. 독자가 그림이나 사진이 없어서 이해를 못 하는 것은 아니지만 그림이나 사진이 있으면 글을 더 정확히 쓸 수 있다.

다음 그림은 Clova Chatbot의 작동 구조를 묘사한 글 아래에 덧붙인 실제 그림이다.

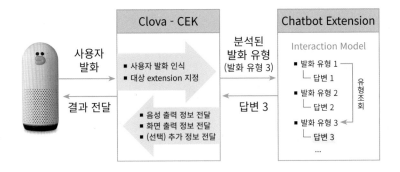

이 그림을 자세히 보자. Clova Chatbot의 작동 구조 글을 토대로 우리가 그린 그림과 다른 점이 있다. 바로 '클라이언트'와 '사용자'다. 위 그림에는 '클라이언트'와 '사용자'가 없다. 대신 '인공지능 스피커'가 있다. 예문을 다시 보자.

> Clova는 클라이언트에서 입력된 사용자의 발화를 인식하고 사용자의 발화를 분석합니다. 분석된 발화가 Clova Chatbot이 처리할 내용이라면 Clova는 분석된 사용자의 발화 정보를 Clova Chatbot에 전달합니다. Clova Chatbot은 미리 등록된 Interaction 모델인 챗봇 대화를 참조해 사용자의 질문 유형을 확인하며, 해당 질문 유형에 작성해 놓은 답변을 Clova가 사용자에게 전달하도록 요청합니다.

그림이 맞다면 클라이언트와 사용자를 모두 '인공지능 스피커'로 바꿔야 한다.

> Clova는 ~~클라이언트~~ 인공지능 스피커에서 입력된 사용자의 발화를 인식하고 사용자의 발화를 분석합니다. 분석된 발화가 Clova Chatbot이 처리할 내용이라면 Clova는 분석된 사용자의 발화 정보를 Clova Chatbot에 전달합니다. Clova Chatbot은 미리 등록된 Interaction 모델인 챗봇 대화를 참조해 사용자의 질문 유형을 확인하며, 해당 질문 유형에 작성해 놓은 답변을 Clova가 ~~사용자에게~~ 인공지능 스피커에 전달하도록 요청합니다.

생각 외로 그림과 예문이 일치하지 않는 경우가 많다. 글과 그림을 동시에 쓰고 그리지 않기 때문이다. 글을 먼저 쓰고 나중에 그림을 그리거나, 그림을 그려놓고 개발하다가 나중에 글을 추가하면 이렇게 글과 그림이 다른 결과가 나타난다.

예를 하나 더 들어보자. 다음은 Clova Interface Connect[CIC] API 레퍼런스 문서 중에서 HTTP/2를 이용해 이벤트 메시지를 멀티파트[multipart] 메시지로 전송하는 방법을 설명하는 그림이다.

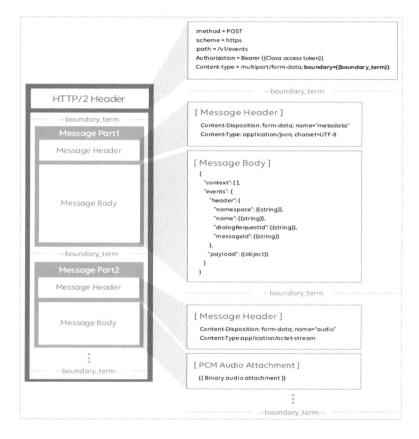

이 그림은 HTTP/2의 프레임[frame]과 코드를 묘사한다. 데이터 프레임에 복수의 Message Part를 만들어 메타데이터와 바이너리 파일을 전달할 때의 코드 작성 규칙을 묘사했다.

이 그림 밑에는 다음과 같은 글이 쓰여 있다.

예를 들면, 사용자의 음성 입력을 CIC로 전달하려면 SpeechRecognizer. Recognize 이벤트 메시지와 함께 녹음한 사용자의 음성 데이터를 함께 전송해야 합니다. 클라이언트는 Content-Type을 multipart/form-data로 설정하고 첫 번째 메시지 블록에는 이벤트 메시지 정보가 담긴 JSON 데이터를, 두 번째 메시지 블록에는 사용자의 음성이 담긴 바이너리 데이터를 담아서 보낼 수 있습니다.

이때, 메시지를 구분하기 위해 boundary에 경계 문구를 지정해야 합니다. 경계 문구는 메시지 블록 사이에 사용될 때 경계 문구 왼쪽에 이중 하이픈(-) 기호를 붙여야 하며, 마지막 메시지 블록 이후에는 경계 문구 양쪽에 이중 하이픈(-) 기호를 붙여야 합니다. 또한, 경계 문구는 각 메시지 블록의 본문에서 나타나지 않아야 합니다.

여기서 문제는 같은 대상을 다른 용어로 표현한 것이다. 메시지 파트와 메시지 블록이 그렇다. 그림에는 메시지 파트1[Message Part1]로 표기하고, 글에는 '첫 번째 메시지 블록'이라 썼다. 그림에는 메시지 파트2[Message Part2]로 표기하고, 글에는 '두 번째 메시지 블록'이라고 썼다. 그래서 글을 읽으면서 그림을 보면 메시지 블록이 어디 있는지 금방 찾을 수가 없다. 글과 그림을 여러 번 봐야만 메시지 블록이 메시지 파트라는 것을 알 수 있다.

또 한 가지는 '경계 문구'다. 그림에는 'boundary term'으로 표현돼 있다. 그림과 일치시키려면 영어로 'boundary term', 또는 한글로 '바운더리 텀'이라고 쓰거나 '경계 문구[boundary term]'라고 쓰는 것이 정확하다.

글이 그림과 같이 있으면 글과 그림이 같은 용어를 사용하는지 꼭 확인해야 한다. 글을 먼저 쓰고 그림을 나중에 그리든, 그림을 먼저 쓰고 글을 나중에 쓰든 상관없다. 같은 것을 다르게 표현하는 순간 독자는 헷갈리기 시작하고 그 결과는 에러로 나타난다.

객관적 묘사와 주관적 묘사 둘 다 하자

묘사에는 주관적 묘사와 객관적 묘사가 있다. 예를 들어 길을 잃은 사람에게 길을 알려준다고 할 때 주관적 묘사와 객관적 묘사는 다음과 같이 차이가 난다.

- **주관적 묘사:** "저기 앞에 큰 사거리에서 오른쪽으로 돌아서 5분쯤 가면 기차역이 보여요."
- **객관적 묘사:** "두 번째 사거리에서 10시 방향으로 돌아서 300미터 가면 우측에 기차역이 있어요."

개발 과정에서 나오는 문서를 잘 보면 처음에는 주관적 묘사를 많이 하다가 객관적 묘사가 크게 늘고 마지막에는 주관적 묘사가 다시 늘어나는 경향이 있다. 예를 들어 기존 홈페이지에 라이브 채팅 기능을 붙인다고 하자. 기획자가 다음과 같이 '주관적 묘사'로만 메일을 보냈다.

안녕하세요. 기획팀입니다. 고객과 좀 더 소통하기 위해 홈페이지 라이브 채팅 기능을 추가하려고 합니다. 경쟁사 홈페이지의 해당 기능과 비슷하게 만들면 됩니다(첨부 이미지 참고). 홈페이지 우측 하단에 위치하되 원래 텍스트를 가리지 않아야 합니다. 크기는 우리가 쓰는 메신저만하면 좋겠는데 필요 시 크기 조절이 가능했으면 좋겠습니다. 그 외 특별한 요청은 없습니다. 다음 주까지 완료될까요?

개발자는 어이가 없지만 어쩔 수가 없다. 기획자에게 객관적 묘사를 기대할 수 없으므로 스스로 주관적 묘사를 객관적 묘사로 바꿔야 한다. 이를테면 다음과 같이 객관적 묘사로 요구사항을 정리하고 질의서를 만들어야 한다.

- 기존 홈페이지에 라이브 채팅 기능 추가
- 채팅창은 홈페이지 우측 하단에 위치
- 채팅창이 원래 텍스트를 가리지 않게 하기
- 메신저 크기지만 크기 조절 가능
- 다음 주까지 완료

【질의내용】

- 라이브 채팅 기능 적용 대상이 웹만인가, 모바일도 포함하는가?
- 채팅창은 홈페이지 우측 하단에 고정인가, 스크롤과 연동해야 하는가?
- 채팅창이 원래 텍스트를 완벽히 가리지 말아야 하는가? 그렇다면 해당 페이지 내에 영역을 미리 확보해야 하는가?
- 메신저 크기가 정확히 몇 픽셀이어야 하는가? 화면 비율에 따라 크기가 달라져야 하는가, 고정적이어야 하는가?
- 크기 조절은 일정 배율로 하는가, 마우스로 늘이는가?
- 크기 조절을 하다가 원래 텍스트를 가려도 되는가? 한계가 있어야 하는가?
- 동시 접속자를 몇 명까지로 해야 하는가? 사내에 응답자가 없으면 어떻게 하는가?
- 다음 주까지 완료라는 것이 개발 완료를 말하는 것인가, 테스트 완료를 말하는 것인가? 아니면 실제 적용 완료를 말하는 것인가?

개발자는 이 질의서를 갖고 기획자와 여러 번 논의한 끝에 정확한 요구사항 정의서를 만든다. 이 요구사항 정의서는 주관적 묘사를 완전히 배제하고 오직 객관적 묘사만 포함해야 한다. 채팅창 크기를 예로 들면 다음과 같다.

요구명: 채팅창 크기

요구ID: C001-1

요구내용: 채팅창 크기는 화면에 디스플레이된 페이지 크기에서 가로 20%, 세로 25%로 정한다. 채팅창의 최소 크기는 가로 150px, 세로 200px로 한다. 디스플레이된 페이지 크기가 가로 765px 이하, 또는 세로 600px 이하일 경우에는 채팅창을 가로 50px, 세로 50px의 아이콘 이미지로 자동으로 대체되게 한다. 아이콘 이미지를 클릭하면 새 창에서 채팅창을 단독으로 디스플레이한다.

개발자가 요구사항 정의서를 가지고 개발을 끝낸 다음에는 간단한 사용 설명서를 만들어야 한다. 채팅창 우측 상단의 '?'를 클릭하면 자주 하는 질문과 답^{FAQ}을 보여준다고 하자. 이때 개발자는 채팅창 크기를 다음과 같이 주관적으로 묘사한다.

질 문: 채팅창 크기는 자동으로 커졌다 작아졌다 하나요?

답 변: 네, 그렇습니다. 채팅창 크기는 홈페이지 화면 크기에 따라 가장 보기 편하게 바뀝니다. 화면이 너무 작으면 채팅창이 자동으로 아이콘으로 변합니다. 이때 아이콘을 클릭하면 새 창에서 보기 편한 크기로 채팅할 수 있습니다.

이처럼 개발자가 주관적 묘사를 객관적 묘사로 바꾸고, 그것을 다시 주관적 묘사로 바꿀 수 있으면 일하기가 한결 편하다. 경험으로 볼 때 기획자나 디자이너는 주관적 묘사에 익숙하고 객관적 묘사에 서투르다. 개발자가 주관적 묘사와 객관적 묘사 둘 다 잘하면 기획자나 디자이너와 협의할 때 주도권을 가질 수 있다. 개발자가 주도권을 가지면 비교적 개발이 쉬워지고 나중에 변경할 것도 줄어든다.

03
논증으로 유용한 정보를 제공하자

의견을 쓰려면 근거를 대자

논증은 옳고 그름을 이유나 근거를 들어서 밝히는 것이다. 논술과 비슷한데,
논술은 논증의 기법으로 기술하는 것이다. 논술의 핵심이 논증인 셈이다. 논
증은 객관적이고 논리적인 방식으로 어떤 사실을 증명해서 상대를 설득하는
일이다.

개발자가 객관적으로 기술하는 개발문서에 상대를 설득하는 논증이 왜 필요
할까 싶을 것이다. 하지만 개발문서에는 꽤 많은 논증이 있다. 다음은 여러 이
미지를 합쳐서 새로운 gif 이미지를 만드는 안드로이드용 SDK로, 깃허브에
올라온 코드다.

```
MeiGifEncoder encoder = MeiGifEncoder.newInstance();
encoder.setQuality(10);
encoder.setColorLevel(7);
encoder.setDelay(200);
```

다음은 위 코드에서 인스턴스의 세부 설정을 자세히 설명하는 글의 일부다.

quality

- 옵션값이 높을수록 품질이 좋아지지만 인코딩에 더 많은 시간이 소요됩니다.
- default 값은 10이며, 30가량의 값을 사용해도 괜찮습니다.

colorLevel

- 값이 높을수록 품질은 좋아지지만 인코딩에 더 많은 시간이 소요됩니다.
- 6~8까지 설정 가능합니다.
- default 값은 7이며, 6으로 세팅할 경우 품질 저하를 느낄 수 있습니다.

이 설명에는 개발자의 의견이 많이 들어 있다. Quality 설정에서 값이 높을수록 품질이 좋아지지만 인코딩에 더 많은 시간이 소요된다고 했다. 이것은 근거가 없는 의견이다. 하지만 품질을 높이면 속도가 떨어진다는 개발의 통념을 생각하면 굳이 근거가 없어도 설득력이 있다. 문제는 다음이다. default 값은 10이며, 30가량의 값을 사용해도 괜찮다고 말하는데, 여기에는 근거가 필요하다. 왜 20이 아니고 30인지, 왜 40이 아니고 30인지 근거가 없다. 괜찮다는 것이 어느 정도의 시간 소요를 말하는지도 알 수 없다.

심하게 말하면, 부모가 아이들에게 그냥 '하지 마'나 '해도 돼'라고 말하는 것과 같다. 아이들은 근거를 모르니 하지 말라는 일을 또 하고, 하라는 일을 안 하는 청개구리가 된다.

개발자가 의견만 말하고 근거를 말하지 않으면 독자가 청개구리가 되어 직접 테스트해 볼 수밖에 없다. default 값을 10, 20, 30, 40, 50으로 해보면서 품질과 인코딩 시간을 직접 겪어야만 한다.

가장 좋은 방법은 개발자가 직접 체험한 결과를 알려주는 것이다. 예를 들면 다음과 같이 표현하는 것이 훨씬 '논증적'이다.

> default 값은 10이며, 30까지를 권합니다. (테스트 결과, 30까지는 인코딩 시간이 10~20%로 소폭 늘었습니다. 35일 때는 100%, 40일 때는 200%로 인코딩 시간이 급증했습니다.)

다음으로 colorLevel을 보자. default 값은 7이며, 6~8까지 설정할 수 있고 6으로 세팅할 경우 품질 저하를 느낄 수 있다고 썼다. 그러니까 colorLevel의 옵션은 6, 7, 8 세 가지뿐이다. 그렇다면 이 세 가지 옵션의 의미를 설명하면 '품질 저하를 느낄 수 있습니다' 같은 주관적인 표현을 쓰지 않아도 된다.

colorLevel

- 값이 높을수록 품질은 좋아지지만 인코딩에 더 많은 시간이 소요됩니다.
- 6은 낮은 품질, 7은 보통, 8은 높은 품질입니다. default 값은 7입니다.

거칠게도 공손하게도 쓰지 말자

개발자가 개발 가이드 문서를 쓰면 은근히 대장 노릇을 할 때가 있다. 자기도 모르게 권력과 힘을 드러내거나 자랑한다. 가장 대표적인 것이 '~할 수 있지만 ~하기 어렵다' 같은 문장이다. 다음 예를 보자.

캔버스 뷰 없이 이미지 배치 좌표, 크기와 같은 메타데이터를 조작해 직접 합성을 시도할 수 있습니다. 그러나 SDK에 대한 깊은 이해를 요하며 캔버스 뷰를 사용하는 합성보다 매우 어렵습니다.

그래서 어쩌라는 거지? 시도하라는 건가? 하지 말라는 건가?

'~할 수 있지만 안 쓰는 것이 낫다' 같은 표현도 있다. 개발자가 선심 쓰듯 좋은 기능을 만들었지만, 독자의 기대치를 충족하지 못할 때 쓴다. 그 예는 다음과 같다.

화면 전체를 녹화한 뒤 비디오 영역만 Crop해 GIF 이미지를 생성할 수 있습니다. 캡처의 원리이기 때문에 결과물의 품질이 기대보다 다소 낮을 수 있습니다.

그래서 어쩌라는 거지? 캡처한 것의 품질을 높이는 방법은 전혀 없는 건가?

'~하면 된다'라는 표현도 있다. 이 말은 개발자가 시키는 대로 하는 것이 괜찮거나 바람직하다는 의도가 들었다. 그런데 보통은 개발자가 독자에게 양해를 구하거나 공손하게 말할 때도 자주 쓴다. 다음 예를 보자.

> 계정 정보 등록 단계에서 휴대전화 인증을 완료하고 회사 이름을 입력한 다음 확인을 클릭합니다. 휴대전화 인증은 담당자 연락처 확인을 위해 필요한 과정이며, 애플리케이션을 처음 등록할 때 <u>한 번만 받으면 됩니다</u>.

'한 번만 받으면 됩니다'를 개발자의 의도 없이 명확하게 쓰려면 '한 번 받습니다'나 '한 번만 받습니다'로 고치면 된다.

개발문서에서 공손한 표현은 좋지 않다. 공손하게 말하는 순간 독자가 오해할 소지가 있다. 개발자가 자주 쓰는 공손한 표현에는 다음과 같은 것이 있다.

- ~해야 합니다만 반드시 해야 하는 것은 아닙니다.
- ~하면 좋습니다. 다만 ~한 경우에는 안 해도 무방합니다.
- ~하지 말아야 합니다. ~한 경우에는 어쩔 수 없으니 넘어가도 됩니다.
- ~하지 마십시오. 물론 큰 문제는 없습니다.
- ~할 것을 추천합니다. 혹시 더 좋은 방법이 있을 수도 있습니다.

이런 표현은 다음과 같이 바꾸자.

- ~하십시오.
- ~하지 마십시오.

세상에 어떤 일이든 100% 확신할 수는 없다. 하지만 개발문서는 독자에게 여지를 줘서는 안 된다. 개발자가 독자에게 여지를 10% 주면 독자는 30%, 50%로 부풀린다. 그래서 개발자가 시킨 대로 하지 않고 우물쭈물하거나 엉뚱한 일을 한다. 호의가 계속되면 권리인 줄 알듯이, 개발문서가 너무 공손하면 독자를 가이드할 수 없다.

주장과 이유의 거리를 좁혀서 쓰자

개를 키울 때 개가 뭘 잘못하면 즉시 혼내라고 한다. 잘못했을 때 바로 혼내지 않고 나중에 혼내면 개는 자기가 뭘 잘못했는지 모른다. 주장과 이유도 마찬가지다. 주장을 했으면 이유를 바로 이어서 말해야 한다. 앞에서 이유를 말했다고 해서 지금 주장만 하고 이유를 말하지 않으면 안 된다.

특히 개발문서는 잡지와 같아서 처음부터 순서대로 읽지 않는다. 그때그때 필요한 부분만 찾아보기 때문에 주장을 말했으면 중복되더라도 이유를 함께 말하거나 이유를 찾을 수 있는 곳을 알려줘야 한다.

다음 예를 보자. 이 글은 Clova Interface Connect의 클라이언트 기능 구현을 설명하는 문서의 일부다. 굵게 표시한 글자 위주로 보면 이상하게도 마지막 대화 ID를 기억하고 갱신하고 저장하고 기록하라고 몇 번이고 반복해서 주장한다. 하지만 왜 그래야 하는지 이유가 없다.

【대화 ID 관리 및 작업 처리하기】

간접 대화 구조의 이슈를 해결하기 위해 대화 ID라는 개념을 사용합니다. 클라이언트는 대화 ID와 관련해 다음과 같은 내용을 수행해야 합니다.

- 대화 ID 생성하기
- 대화 ID에 따라 지시 메시지 처리하기

【대화 ID 생성하기】

대화 ID는 사용자의 요청을 식별하기 위해 사용자가 발화를 시작할 때마다 생성하는 식별자입니다. 클라이언트는 CIC에 전달한 사용자의 요청을 CIC로 보낼 때마다 **마지막**

사용자 요청의 대화 ID를 기억해야 하며, CIC로 사용자 요청을 전달할 때마다 **마지막 대화 ID를 갱신해야 합니다.**

마지막 대화 ID란 클라이언트가 CIC에게 마지막으로 보낸 SpeechRecognizer. Recognize 이벤트 메시지나 TextRecognizer.Recognize 이벤트 메시지에 포함된 대화 ID이며, 클라이언트는 이 **마지막 대화 ID를 잘 저장해 두어야 합니다.**

클라이언트는 다음과 같이 동작을 수행해야 합니다.

1. 사용자가 새로운 대화를 시작할 때마다 새로운 대화 ID를 생성(UUID 포맷 권장)합니다.

2. SpeechRecognizer.Recognize 이벤트 메시지로 사용자의 요청을 CIC로 전달합니다(텍스트 명령이면 TextRecognizer.Recognize 이벤트 메시지).

3. 이때 이벤트 메시지의 헤더의 dialogRequestId에 새로 생성한 대화 ID를 포함시킵니다.

4. 이벤트 메시지를 전송한 후 생성한 대화 ID를 **마지막 대화 ID로 기록해 두어야 합니다.**

Caution!

마지막 대화 ID는 반드시 SpeechRecognizer.Recognize 이벤트 메시지나 TextRecognizer.Recognize 이벤트 메시지 전송을 완료한 후 **갱신되어야 합니다.**

클라이언트가 마지막 대화 ID를 기록하고 갱신해야 하는 이유는 Clova Interface Connect 문서의 개요에 '간접 대화 구조'라는 제목으로 적혀 있다. 간접 대화란 두 사람이 직접 대화하는 것이 아니라, 제삼자가 중간에서 대화를 연결해 주는 것이다. 즉, 사용자 – 클라이언트 – Clova로 양방향 대화가 이뤄진다. 이것 때문에 생기는 치명적인 문제가 있다.

예를 들어, 사용자가 클라이언트에게 "오늘 날씨 어때?"라고 물었다. 클라이언트는 Clova에게 요청을 전달했고 Clova가 분석 중이다. 그때 사용자가 "아냐, 그냥 신나는 노래 들려줘!"라고 말했다고 하자. 그러면 클라이언트는 더는 오늘 날씨를 알려줘서는 안 된다. 사용자의 마지막 요청(가장 최근 요청)인 신나는 노래를 골라서 틀어줘야 한다. 그래서 항상 사용자의 마지막 대화를 클라이언트가 기록하거나 갱신해놓고 있어야 한다.

그런데 독자가 개요에 있는 이 내용을 읽지 않은 상태에서 바로 위 문서를 보면 "마지막 대화 ID를 왜 자꾸 갱신하라는 거야?"하고 궁금하기도 하고 짜증도 날 것이다. 현재 문서에는 이유가 없기 때문이다.

그래서 독자는 마지막 대화 ID를 기록하고 갱신하는 것이 그다지 중요하지 않다고 생각하고 결국 개발문서가 시키는 대로 하지 않는다. 버그가 생기고 한참을 고생해서 디버깅하다가 개발문서를 보고 욕한다.

이유를 설명하려면 너무 길어져서 일일이 쓰기 어렵다면, 일단 짧게라도 설명하고 이유가 있는 곳을 알려주는 방법이 있다. 예를 들면 다음과 같다.

...

【대화 ID 생성하기】

대화 ID는 사용자의 요청을 식별하기 위해 사용자가 발화를 시작할 때마다 생성하는 식별자입니다. 클라이언트는 CIC에 전달한 사용자의 요청을 CIC로 보낼 때마다 마지막 사용자 요청의 대화 ID를 기억해야 하며, CIC로 사용자 요청을 전달할 때마다 마지막 대화 ID를 갱신해야 합니다.

※ 마지막 대화 ID를 기억·갱신하지 않으면 CIC가 요청을 처리하는 동안 사용자의 요청 변경에 대응할 수 없는 치명적인 문제가 생깁니다. 자세한 내용은 CIC 〉 개요 〉 간접 대화 구조에서 확인하십시오...

문제와 답의 거리를 좁혀서 쓰자

논증은 문제 해결과 비슷하다. 논증 자체가 어떤 문제에 대한 특정한 의견이기 때문이다. 개발에서는 문제 하나를 해결하는 방법이 하나밖에 없는 경우는 드물다. 해결 방법이 여러 가지여서 그중 최선을 택하는 것이 개발 과정이다.

문제 해결에서 우리는 문제가 있으면 바로 답을 알기를 원한다. FAQ를 생각하면 쉽다. 문제를 검색했을 때 바로 답이 나와야 좋다. 개발문서가 사실상 문제 해결 문서이므로 문제 바로 다음에 답이 먼저 나와야 한다. 답을 찾아가는 지루한 과정을 먼저 보여줄 필요가 없다. 다음 예를 보자.

> 구독자 목록과 관련한 groupid는 아래 방법으로 확인할 수 있습니다.
>
> - 주소록 목록에서 주소록 이름을 클릭하여 '주소록 대시보드'로 이동
> - '그룹'을 클릭하여 그룹 목록으로 이동
> - 그룹 이름을 클릭하여 그룹 필터링이 적용된 구독자 목록으로 이동
> - 브라우저에 표시되는 URL에서 'subscribed' 뒤의 숫자를 확인

위 예문을 잘 읽어보면 groupid가 구독자 목록 페이지의 URL에 있다는 것을 알 수 있다. 그런데 그 답을 찾아가는 과정, 즉 주소록 목록 〉 주소록 대시보드 〉 그룹 목록 〉 구독자 목록으로 이동하는 과정을 지루하게 먼저 보여준다.

만약 구독자 목록 페이지를 찾아가는 방법을 이미 아는 사람이라면 맨 마지막 문장까지 가기 위해 불필요한 세 문장을 읽어야 한다. 문제는 groupid를 못 찾는 것이고, 답은 구독자 목록 페이지의 URL이다. 그래서 다음과 같이 문제와 답의 거리를 좁혀서 쓰면 이해하기도 쉽고 불필요한 문장을 읽지 않아도 된다.

> 구독자 목록과 관련한 groupid를 확인하려면 '구독자 목록' 페이지 URL에서 'subscribed' 뒤의 숫자를 보십시오.
>
> ※ 구독자 목록 페이지로 이동하는 방법을 모르면 다음과 같이 하십시오.
>
> - 주소록 목록에서 주소록 이름을 클릭하여 '주소록 대시보드'로 이동
> - '그룹'을 클릭하여 그룹 목록으로 이동
> - 그룹 이름을 클릭하여 그룹 필터링이 적용된 구독자 목록으로 이동

예를 하나 더 보자.

【애플리케이션 등록】

네이버 개발자 센터에서 애플리케이션을 등록하는 방법은 다음과 같습니다.

- 네이버 개발자 센터의 메뉴에서 Application 〉 애플리케이션 등록을 선택합니다.
- 이용약관 동의 단계에서 '이용약관에 동의합니다'를 선택한 다음, 확인을 클릭합니다.
- 계정 정보 등록 단계에서 휴대전화 인증을 완료하고 회사 이름을 입력한 다음, 확인을 클릭합니다.
- 애플리케이션 등록(API 이용 신청) 페이지에서 애플리케이션 등록 세부 정보를 입력한 다음, 등록하기를 클릭합니다.

애플리케이션을 등록하는 방법을 참으로 구차하게 설명했다. 알다시피 애플리케이션을 등록하는 사람은 개발자다. 그런 개발자가 이용약관 동의나 휴대전화 인증을 못 할 리 없다. 다만, 애플리케이션 등록을 어느 페이지에서 하는지가 궁금해서 이 문서를 볼 것이다. 그러니 다음과 같이 답을 먼저 알려주고 나머지는 간단히 정리하는 것이 좋다.

【애플리케이션 등록】

네이버 개발자 센터에서 애플리케이션을 등록하려면 Application 〉 애플리케이션 등록 페이지로 이동해서 지시에 따르세요. 애플리케이션 등록 시 이용약관 동의 및 휴대전화 인증이 필요합니다.

04
서사를 활용해 목차를 만들자

개발과 서사

서사는 사실을 있는 그대로 순서대로 적는 것을 말한다. 누가 어떤 행동을 했고, 그 행동으로 어떤 일이 일어났는지 그대로 쓰는 것이다. 소설은 대부분 서사 방식으로 쓰여 있다.

개발에서도 서사를 많이 쓴다. 소설과 다른 점은 독자에게 일어난 사건을 알려주는 것이 아니라, 어떤 일을 하라고 지시한다는 것이다. 이때 소설과 달리 프로그램의 스크린숏을 보여주면서 순서대로 말할 때가 많다.

이때는 글이 주가 아니라 스크린숏이 주가 된다. 그래서 글만 있는 소설이 아니라, 그림이나 사진이 글과 붙어 있는 잡지처럼 글을 써야 한다. 다음 예를 보자.

【푸시 서비스 설정】

푸시 서비스를 설정하려면 다음과 같이 따라 합니다.

1. 사이드바 메뉴에서 설정을 클릭하여 확장 메뉴를 펼칩니다.

2. 푸시를 선택하여 푸시 설정 화면으로 이동합니다.

3. 푸시 섹션에서 푸시 사용 버튼을 On으로 켭니다.

4. APNS 섹션에서 첫 번째 칸에 '인증서 업로드'를 클릭하여 인증서를 등록합니다.

5. 두 번째 칸에서 비밀번호를 입력합니다.

6. '저장' 버튼을 클릭합니다.

설정 > 푸시 에서 푸시 사용을 켜고, 인증서를 업로드 하고 인증서 비밀번호를 설정합니다.

보통 위 에문처럼 쓴다. 글의 빈호와 스크린숏 안의 번호를 같게 해서 번호마다 한 문장씩 글을 쓰는 방식이다.

하지만 이렇게 쓰면 글과 스크린숏을 오가며 읽고 봐야 하므로 불편하다. 그래서 번호별로 글이 많지 않은 경우에는 한 문장으로 요약하고 단어 앞에 번호를 붙이는 것이 좋다. 다음과 같은 방식이다.

【푸시 서비스 설정】

푸시 서비스를 설정하려면 ①설정 〉②푸시 화면에서 ③푸시 사용을 켜고, ④인증서를 업로드한 뒤 ⑤비밀번호를 설정하여 ⑥저장합니다.

설정 > 푸시 에서 푸시 사용을 켜고, 인증서를 업로드 하고 인증서 비밀번호를 설정합니다.

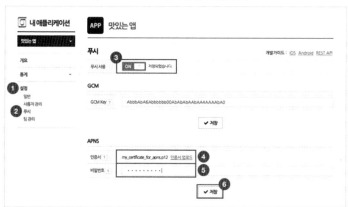

독자의 수준 대신 기술의 범용성을 기준으로 쓰자

서사가 순서대로 글을 쓰는 것이기는 하지만 단순한 사건이나 상황을 시간순으로 무조건 기술하는 것은 아니다. 그것보다는 의미 있는 사건을 시간에 따른 전개 과정으로 써야 한다. 그래야 서사다.

예를 들어 명절에 고향 방문해서 가족의 비밀을 엿듣는 일을 생각해 보자. 그러려면 일단 고향에 가야 한다. 이것을 단순한 사건이나 상황으로 기술하면 다음과 같다.

철수는 지하철역에서 내려 계단을 올라갔다. 플랫폼이 나오자 뒤로 고개를 돌렸다. 표지판을 읽었다. 표지판은 우측으로 100미터를 가면 버스터미널이 나온다고 한다. 철수는 우측으로 고개를 돌렸다. 몸도 돌렸다. 왼팔을 앞으로 내밀고 오른발을 들었다. 한걸음씩 걸었다. 1미터, 2미터, 3미터... 100미터가 되자 버스터미널이 나왔다. 바로 앞에 표를 끊는 창구가 5개 보였다. 첫 번째 창구로 걸어갔다...

이런 식으로 쓰면 독자는 책을 던져버릴 것이다. 아무 의미 없는 사건이나 상황을 장황하게 늘어놓는 것은 서사가 아니다. 위 예문을 서사로 바꾸면 다음과 같다.

철수는 지하철역에서 내려 계단을 올라 버스터미널로 갔다. 첫 번째 창구에서 표를 끊어 버스에 탔다. 이제 5시간 후면 고향에 도착한다. 철수는 잠시 눈을 붙였다. 이번에는 고향에서 무슨 일이 벌어질까?

그런데 아무 의미 없는 사건이나 상황이라 할지라도 문맥에 따라 필요할 때가 있다. 의미가 없다고 다짜고짜 본론부터 들어가서도 안 된다. 다음 예문을 보사.

철수는 버스 타고 고향에 도착해서 가족의 비밀을 엿들었다. 철수는 충격을 받고 돌아왔다.

서사에서 의미는 작가가 부여한다. 사건이나 상황 그 자체가 의미 있거나 없는 것이 아니라 작가가 어떤 것에 의미를 두느냐에 따라 글이 달라진다.

개발자는 어떤 행동에 의미를 두고 글로 쓸지 직접 결정해야 한다. 예를 들어, 인터넷을 처음 접하는 사람에게 웹 브라우저에서 자사 사이트를 홈페이지로 설정하는 방법을 알려줘야 한다고 하자. 그러면 사용자의 행동 하나하나를 의식하면서 다음과 같이 써야 한다.

컴퓨터에서 인터넷 브라우저를 엽니다.

인터넷 브라우저가 다 열리면 오른쪽 위에서 더 보기(:)를 찾습니다.

더 보기(:)를 찾았으면 마우스를 움직여서 화살표를 더 보기(:) 위에 가져다 놓습니다.

그 상태에서 움직이지 말고 마우스 왼쪽 버튼을 한 번 클릭합니다.

그러면 확장 메뉴가 나타납니다.

확장 메뉴에서 '설정'을 찾습니다.

'설정'을 찾았으면 마우스를 움직여서 화살표를 '설정' 위에 가져다 놓습니다.

그 상태에서 움직이지 말고 마우스 왼쪽 버튼을 한 번 클릭합니다.

그러면 화면이 '설정' 페이지로 바뀝니다.

화면이 '설정' 페이지로 완전히 바뀔 때까지 기다립니다.

이제 '모양' 섹션을 찾습니다.

'모양' 섹션을 찾았으면, '모양' 섹션 안에서 '홈 버튼 표시'를 찾습니다.

'홈 버튼 표시'를 찾았으면 '홈 버튼 표시' 오른쪽에 슬라이드 버튼을 찾습니다.

마우스를 움직여서 화살표를 슬라이드 버튼에 댑니다.

그 상태에서 움직이지 말고 마우스 왼쪽 버튼을 눌러 오른쪽으로 움직입니다.

아주 비싸고 새롭고 첨단의 스마트폰을 개발한 개발자가 협력업체 엔지니어에게 안전한 분해법을 알려줄 때는 이렇게 자세하게 구체적으로 써야 한다.

하지만 하루에도 수십 번 인터넷을 접속하는 독자에게 이렇게까지 자세히 순서대로 나열하면 독자는 화를 낼 것이다. 그래서 어떤 개발자도 브라우저에서 홈페이지를 설정하는 방법에 이렇게까지 의미를 두고 쓰지는 않으며 다음과 같이 간단히 정리한다.

컴퓨터 브라우저 오른쪽 위에서 더 보기(⋮)를 눌러서 확장 메뉴가 나오면 '설정'을 클릭합니다.

화면이 바뀌면 '모양' 섹션 안에 있는 '홈 버튼 표시'를 켭니다.

옵션이 나타나면 두 번째 칸에 www.OOO.com을 입력합니다.

여기서 의미가 없다고 판단한 내용을 없애기도 한다. 그런데 그때 간혹 맥락이 달라져서 독자가 혼란스러움을 느끼기도 한다. 다음 예를 보자.

툴바에서 더 보기(⋮) 〉 확장을 클릭합니다.

'홈 버튼 표시'를 켜서 URL을 입력합니다.

여기서 독자가 '더 보기(⋮) 〉 확장'이 무엇을 의미하는지 모르면 헷갈릴 것이다. 홈페이지 주소 대신에 'URL'이라는 글자를 입력할지도 모른다. 개발자가 보기에 의미 없다고 생각한 것이 독자에게는 중요한 이해 포인트일 수도 있다.

개발문서에서 서사는 결국 개발자와 독자 사이의 줄다리기 같은 것이다. 개발자는 의미 없는 것은 빼고 중요한 것은 넣기를 원한다. 독자도 의미 있는 것만 남고 무엇이 중요한지 구별해 주기를 원한다.

일반적인 기획서나 보고서 같은 비즈니스 문서는 보고 대상이 누군지 정해져 있어서 대상에 맞춰 수준을 조절할 수 있다. 하지만 개발자가 쓴 개발문서의 독자는 매우 다양하다. 심지어 문서를 깃허브에 공개하면 전 세계 개발자가 읽는다.

개발자는 독자가 누구고 어떤 실력을 가졌는지 모른다. 초등학생도 이해하기 쉽게 쓰다가는 서사가 너무 길어진다. 대학교수 수준으로 쓰면 서사가 너무 짧아서 맥락이 끊어진다. 비즈니스 문서와 달리 개발문서는 독자의 수준에 맞춰 쓰기가 매우 어렵다.

좋은 방법은 기술의 범용성을 기준으로 하는 것이다. 만약 10년 전에 스마트폰 사용 매뉴얼을 썼다고 하자. 그때는 새로운 유저인터페이스를 아주 장황하게 기술했다. 그때는 초등학생이나 대학교수나 똑같은 수준이었다. 지금은 그냥 더블 클릭, 길게 클릭, 슬라이딩, 확대 같은 말만 써도 독자가 알아듣는다. 초등학생이나 대학교수나 모두 잘 이해한다.

이제 브라우저에서 메뉴를 찾아 마우스를 클릭하는 일은 더이상 의미 있는 사건이 아니다. 그래서 '툴바에서 더 보기(:) 〉 확장을 클릭'이라고만 쓰면 독자는 '툴바는 브라우저 상단에 있으므로 브라우저 상단에서 더 보기 모양(:)을 찾아 클릭하면 나타나는 화면에서 확장을 찾아 클릭하면 되겠군.' 하고 생각한다.

또 다른 방법은 개발문서를 읽기 전에 기본적인 수준을 맞춰놓는 것이다. '시작하기 전에'나 '개요' 항목에 최소 분량으로 기본적인 지식을 설명한다. 요즘 나오는 스마트폰 애플리케이션이 설치 후 최초 실행될 때 중요한 사용법을 몇 개의 화면으로 미리 보여주는 것과 같다.

순서에서 단계를, 단계에서 목차를 만들자

개발 가이드나 사용법, 도움말 등의 문서에 서사가 많다. 독자가 프로그램을 에러 없이 순서대로 사용하도록 하기 위해서다. 그런데 어떤 복잡한 것을 순서대로 말하려면 글이 너무 길어진다. 게다가 앞뒤 행동(맥락)이 연결되는 것도 있지만, 크게 바뀌는 경우도 있다.

예를 들어 크롬 브라우저의 개발자 모드에서 자바스크립트를 디버깅하는 가이드 문서를 보자. 이 가이드 문서에서 독자의 행동을 지시하는 서사를 모으면 다음과 같다.

【Chrome DevTools에서 자바스크립트를 디버깅하기】

1. Open Demo를 클릭합니다. 데모가 새 탭에서 열립니다.

2. 데모에서 Number 1에 5를 입력합니다.

3. Number 2에 1을 입력합니다.

4. Add Number 1 and Number 2를 클릭합니다.

5. 입력 버튼 아래의 레이블을 살펴봅니다. 5+1=51이라고 되어 있습니다. 이런, 잘못된 결과입니다. 올바른 결과는 6입니다. 이 버그를 수정해야 합니다.

6. 데모에서 Command+Option+H(Mac) 또는 Control+Shift+H(Windows, Linux)를 눌러서 DevTools를 엽니다.

7. Sources 탭을 클릭합니다.

8. Event Listener Breakpoints를 클릭하여 섹션을 펼칩니다. DevTools에 확장 가능한 이벤트 범주 목록(예: 애니메이션과 클립보드)이 나타납니다.

9. Mouse 이벤트 범주 옆에서 Expand 아이콘를 클릭합니다. DevTools에 마우스 이벤트 목록(예: click)이 나타납니다. 그 옆에 확인란이 있습니다.

10. click 확인란에 표시합니다.

11. 데모로 돌아가서 다시 Add Number 1 and Number 2를 클릭합니다. DevTools는 데모를 일시 중지하고 Sources 패널의 코드 줄을 강조 표시합니다. DevTools가 강조 표시하는 코드 줄은 다음과 같습니다. function onClick() {...

12. DevTools의 Sources 패널에서 Step into next function call Step into next function call을 클릭하여 onClick() 함수를 한 번에 한 줄씩 순차 실행합니다. DevTools가 다음 코드 줄을 강조 표시합니다. if (inputsAreEmpty()) {...

...

25. 다른 값으로 데모를 시험합니다. 이제 데모가 합계를 올바르게 계산할 것입니다.

독자가 이 예문이 지시한 대로 25개의 행동을 따라하다 보면 열 번째쯤에서 "내가 왜 이걸 하고 있지?", "이렇게 하는 이유가 뭐지?", "이렇게 하면 어떻게 된다는 거지?" 하는 생각이 든다. 그래서 25번째 지시까지 따르지 않고 중간에 포기해 버린다.

이런 문제를 막기 위해 단계 개념을 사용한다. 25개의 지시를 몇 개씩 묶어서 몇 가지 단계로 나눈다. 예를 들어 1번 지시부터 5번 지시까지는 데모에서 버그를 만드는 단계다. 즉, 1단계가 '버그 재현'이다. 일단 버그를 만들어야 디버깅할 수 있기 때문이다.

6번부터 11번까지는 자바스크립트 실행 코드를 찾아 실행을 멈추는 단계다. '실행 코드 검색 및 일시 중지'라고 할 수 있다.

이런 식으로 단계를 만들어나가면 다음과 같다.

【Chrome DevTools에서 자바스크립트를 디버깅하기】

1단계: 버그 재현

1. Open Demo를 클릭합니다. 데모가 새 탭에서 열립니다.

   . . .

2단계: 실행 코드 검색 및 일시 중지

1. 데모에서 Command+Option+H(Mac) 또는 Control+Shift+H(Windows, Linux)를 눌러서 DevTools를 엽니다.

   . . .

3단계: 단계별 코드 실행

1. DevTools의 Sources 패널에서 Step into next function call Step into next function call을 클릭하여 onClick() 함수를 한 번에 한 줄씩 순차 실행합니다. DevTools가 다음 코드 줄을 강조표시합니다. if (inputsAreEmpty()) {

   . . .

4단계: **다른 중단점 설정**

　···

각 단계는 반드시 목표가 있어야 한다. 그래야 단계를 통과할 수 있다. 이런 부류의 문서는 대부분 처음에는 쉽고 뒤로 갈수록 어려워진다. 그래서 첫 단계에서 쉬운 목표를 달성하면서 조금씩 어려운 단계의 목표를 달성하게 만들어야 한다.

예문에서 1단계의 목표는 버그 만들기다. 2단계의 목표는 이벤트 실행 코드 찾기다. 이것을 글로 분명히 나타내야 한다. 다음과 같이 표현할 수 있다.

【Chrome DevTools에서 자바스크립트를 디버깅하기】

1단계: **버그 재현**

버그 재현은 항상 디버깅의 첫 단계입니다. 버그를 재현할 수 있어야 디버깅을 할 수 있습니다. 이번 단계에서는 데모 페이지에서 버그를 재현해 보겠습니다.

1. Open Demo를 클릭합니다. 데모가 새 탭에서 열립니다.

　···

2단계: **실행 코드 검색 및 일시 중지**

DevTools에서는 코드를 실행하는 도중에 일시 중지하고 특정 시점의 모든 변숫값을 검사할 수 있습니다. 코드를 일시 중지하는 도구는 중단점이라고 합니다. 이번 단계에서 코드를 일시 중지하는 도구를 배우겠습니다.

1. 데모에서 Command+Option+H(Mac) 또는 Control+Shift+H(Windows, Linux)를 눌러서 DevTools를 엽니다.

　···

단계를 잘 만들었다면 목차로 바로 쓸 수 있다. 특히, 홈페이지에 개발문서를 HTML로 게시할 때는 다음 사례처럼 사이드바에 목차를 배치해서 링크를 걸어주면 독자가 보기 편하다(https://developers.google.com/web/tools/chrome-devtools/).

01
개발자가 알아야 할 제안서 작성 원칙

개발자와 제안 PM의 차이

개발자라고 코드만 작성하지는 않는다. SI 업체에서 개발 일을 한다면 공공 입찰 제안서와 떼려야 뗄 수 없다. 솔루션 업체에서 일하면 제안서를 안 쓸 것 같지만, 기업 솔루션이면 어차피 솔루션 제안서를 써야 한다.

서비스 기업도 다를 바 없다. 구글이나 네이버에서 일하는 개발자도 B2B 솔루션을 만들면 제조사나 금융사 같은 곳에 무수히 많은 제안서를 써서 제출해야 한다. 제안서를 한 번도 쓰지 않았다면 대학생이거나 아주 운이 좋은(?) 개발자일 것이다.

제안서에서 개발자는 주로 기술 부문을 쓴다. 제안 PM이 개발자 출신이라면 개발자가 쓰는 기술 부문을 꼼꼼히 보고 챙길 것이다. 하지만 제안 PM이 비개발자 출신이면 개발자 혼자 기술 부문을 떠맡는다. 기술 부문을 개발자가 온전히 책임져야 한다는 말이다.

그런데 사실 제안서의 기술 부분은 대부분 그림과 표로 구성된다. 시스템 구성도를 생각해 보자. 전부 그림이다. 시스템 기능이나 사양, 구성 장치 내용이나 규격도 그림과 표로만 나타낸다. 하드웨어와 관련된 것은 보통 하드웨어 제공업체의 자료를 그대로 사용할 때도 많다. 시스템 납품이나 설치 방안도 마찬가지다.

개발자가 기술 부문에서 쓰기 어려운 것은 목적, 목표, 전략, 방안, 기대효과 같은 것이다. 시스템 구축 목적, 시스템 구축 전략, 소프트웨어 개발 방안, 테스트 방안, 향후 시스템 발전 방안, 개발의 특징, 개발 방안의 장점 같은 것이 있다. 이런 것을 제안 PM이 요청할 때도 많다. 이를테면 제안 PM은 개발자에게 다음과 같은 요구를 한다.

> "기술 부문의 전략은 한마디로 뭔가요?"
>
> "이번 제안에서 기술 쪽 핵심이 뭔가요?"
>
> "기술적인 면의 특징이나 장점을 한 장으로 정리해 주세요."
>
> "우리가 제안하는 시스템 구성도의 차별점을 두 줄로 써 주세요."
>
> "소프트웨어 개발 방안에서 심사위원에게 던지는 메시지를 한 문장으로 써 주세요."
>
> "제안 발표(PT)할 때 심사위원이 기술 부문에서 질문할 것을 적어주세요."

이런 것은 기존 제안서 내용을 따서 붙일 수도 없다. 내용이 다르기 때문이다. 제안하는 업체가 모두 똑같은 하드웨어와 솔루션을 제안해도 목적, 목표, 전략, 방안 같은 것은 모두 다르다. 그러니 개발자가 제안서에서 쓰기 어려운 것은 이렇게 전략적 제안에 관한 것이다.

시스템 구성도의 본질은 그림이 아니다

예를 들어보자. 다음 그림은 흔히 보는 시스템 구성도다. 제안서에는 이런 시스템 구성도가 한 장을 차지한다.

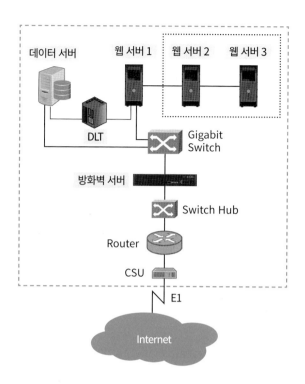

제안요청서에 있는 시스템 구성도(As-Is)를 분석해서 새로운 시스템 구성도(To-Be)를 구상해 그림을 그리고 제안서에 넣는 것은 본래 개발자의 업무다. 하지만 새로운 시스템 구성도의 목적, 목표, 전략, 방안, 효과, 특징, 장점, 강점을 기술하는 것은 개발자의 본래 업무를 뛰어넘는 일이다. 이런 것을 글로 표현하기란 여간 쉽지 않다. 그래서 개발자는 시스템 구성도를 그리고 나서 다음과 같이 한 줄짜리 글만 쓴다.

"시스템의 성능, 안정성, 확장성을 위해 다음과 같이 시스템을 구성함."

그런데 이 내용은 어떤 시스템 구성도에 쓰든 똑같이 적용되는 말이다. 시스템이 응당 갖춰야 할 것이 성능, 안정성, 확장성이기 때문이다. "배고픔을 없애기 위해 밥을 먹는다"라는 말과 다를 바 없다.

제안 PM이 개발자에게 원하는 글은 이런 것이다.

"고객은 무려 10만 명의 동시 사용자를 처리할 수 있는 성능을 원합니다. 이 시스템 구성도가 고객이 필요한 성능을 가장 적은 비용으로 낼 수 있는 구성이라는 것을 몇 줄로라도 써 주세요."

"10만 명이 동시에 접속해서 생산하는 엄청난 양의 데이터를 안정적으로 저장하려면 백업 체계를 갖춰야 하겠죠. 그런데 경쟁사도 백업 체계를 제안할 텐데 우리가 제안 하는 백업 체계가 무엇이 다른지 몇 줄로라도 써 주세요."

"시스템 구성도로만 봐서는 확장성이 부각되지 않습니다. 고객은 앞으로 동시 접속자 수 100만 명도 생각하고 있어요. 시스템 구성도를 보면 웹서버만 확장하고 데이터 서버는 확장하는지 안 하는지 분명하지 않습니다. 추가 설명을 해야 심사위원이 알 수 있을 것 같아요. 제안서에는 쓰지 않더라도 발표 자료에는 넣어야 하니 한 장으로 라도 따로 정리해 주세요."

제안 PM이 하는 말을 잘 들어보면 개발자가 제안서를 어떻게 쓰면 좋을지 알 수 있다.

첫째, 제안요청서 분석

첫째는 제안요청서를 제대로 분석하는 것이다.

제안 PM은 거의 모든 요구를 제안요청서를 기반으로 한다. 제안요청서는 고 객이 제안을 요청하는 문서다. 그래서 제안요청서에는 제안을 요청하는 배경, 사업의 목적, 요구 사항, 목표 시스템, 현재 시스템 등이 적혀 있다. 일반 대기 업은 공공기관 수준은 아니지만 몇 장짜리라도 제안요청서를 제시한다. 제안 PM은 이런 제안요청서를 보고 제안을 시작한다.

제안요청서는 제안서 작성의 시작이다. 거의 모든 문제와 답은 제안요청서에 들어 있다. 말이 제안요청서지 실제로는 답안지인 셈이다. 답안지를 들고도 답을 모르는 사람을 보면 얼마나 황당하겠는가. 마찬가지로 답안지를 들고도 엉뚱한 답을 쓰는 사람을 보면 이 또한 얼마나 황당하겠는가.

제안 PM은 제안요청서에 문제와 답이 다 있다고 생각한다. 그런데 많은 개발자가 제안요청서를 다 읽지 않고 기술과 관련된 요구사항만 읽고 제안서를 쓰다 보니 나무만 보고 숲을 못 보는 경향이 있다.

제안요청서에는 목표 시스템, 하드웨어 구성도(물리, 개념), 소프트웨어 구성도, 요구 기능, 구매 소프트웨어 목록 같은 것이 이미 들어 있다. 그런데 그렇게 하는 이유와 배경, 상황과 답 또한 모두 다 제안요청서에 들어 있다. 제안 PM은 이것을 모두 분석하고 이해해서 제안하는데, 개발자는 일부분만 보고 그림만 그려서는 안 된다. 제안요청서 곳곳에는 기술 부문을 어떻게 작성해야 하는지 힌트가 숨어 있다. 개발자가 제안요청서에서 힌트를 잘 찾아내기만 하면 기술 부문을 더 전략적으로 쓸 수 있다.

둘째, 논리적 완결성

둘째는 항목을 논리적으로 완결하는 것이다.

제안서는 기승전결이 있는 소설이 아니다. 그런데 제안서를 잘 못 쓰는 사람들은 소설처럼 쓴다. 그들은 100장짜리 제안서를 읽는 사람들이 모두 1쪽에서 100쪽까지 차례대로 읽으리라 기대한다.

하지만 누구도 제안서를 소설 읽듯이 첫 글자부터 순서대로 읽지 않는다. 사업 담당자나 심사위원은 자기와 관련이 있거나 관심 있는 항목, 또는 특정 페이지만 골라 읽는다.

만약 어떤 항목이 다른 항목과 내용 면에서 연결되어 있어서 순서대로 읽지 않으면 이해할 수 없는 경우가 있다고 하자. 예를 들어 2장에서 문제의 핵심 원인을 얘기하고 3장에서는 해결 방법만 얘기한다면 3장만 먼저 들춘 사람은 내용을 이해하지 못해서 2장부터 다시 읽어야 한다. 그 순간 제안서는 숨은그림찾기가 된다. 또한 페이지 첫줄이 앞 페이지에서 이어진 내용인데 소제목 등으로 구분되어 있지 않으면 그 페이지를 펴자마자 앞 페이지를 봐야 한다.

제안서를 평가하는 사람이 가장 곤혹스러울 때가 바로 이렇게 제안서를 읽는 일이 숨은그림찾기가 될 때다. 이 내용이 왜 나왔는지 앞에서 찾아야 하고, 이 장황한 내용의 결론이 뭔지 몰라 뒤를 뒤져야 할 때 심사위원의 마음과 점수는 이미 이 업체에서 떠나버린다.

'시스템 구성도'라는 항목을 작성한다면, 이 항목 안에는 시스템 구성에 관한 고객의 요구, 고려사항, 구성 전략, 구성 목표, 구성 방안, 구성의 특장점, 기대 효과가 들어가야 한다. 그래야만 시스템 구성도를 그렇게 그린 이유를 논리적으로 납득할 수 있다.

고객의 문제 인식과 제안사의 문제 해결 능력

문제 인식과 문제 해결 능력

제안서의 시작은 문제가 아니라 고객의 문제 인식이다. 예를 들어 어떤 고객사 사무실 시스템에어컨이 멀쩡하다가 잠깐 꺼졌다 10분 후에 다시 켜졌다고 하자. 이것은 시스템에어컨에 어떤 문제가 생긴 것이다. 하지만 그렇다고 해서 고객사가 당장 다른 건물로 이사를 가거나 천장을 뜯어 에어컨을 수리하지는 않는다. 문제가 있다고 해서 꼭 이 문제를 바로 해결하지는 않는다. 문제 해결에 드는 비용보다 문제 해결로 얻는 효과가 낮으면, 즉 비용 대비 효과가 낮으면 문제를 그냥 놔둔다.

하지만 시스템에어컨이 잠깐 꺼지는 문제를 중대하게 인식해서 꼭 해결하고 싶어 하는 고객도 있다. 예를 들어, 대형 회의장을 매일 임대하는 회사는 회의장 내 시스템에어컨이 잠깐이라도 꺼지는 문제가 있다면 반드시 확인하고 조치해야 한다. 고객이 문제를 얼마나 중대하게 생각하느냐에 따라 문제 해결의 수준도 달라지는 것이다.

기존에도 같은 문제가 잦았지만 아무도 신경 쓰지 않다가, 새로 온 책임자가 그 문제를 해결하려고 하는 경우도 있다. 예를 들어 어떤 고객사에 새로 부임한 CTO가 기존 시스템의 문제를 중대하게 인식하여 완전히 새로운 시스템으로 다시 구축하고 싶어 한다고 하자. 직원들은 이전 CTO 밑에서는 거들떠보지 않았던 새로운 시스템 도입을 새로운 CTO 밑에서 검토해야 한다. 하지만 CTO가 새로운 시스템에 관심 없다고 하자. CTO는 기존 시스템의 문제를 사소하게 인식하여 새로운 시스템 도입을 검토하지 않을 것이고, 직원들은 간단한 프로그램만 구매해서 기존 시스템의 문제를 응급으로 봉합하려고 할 것이다. 즉, 고객이 문제를 얼마나 중대하게, 또는 사소하게 인식하는지에 따라 제안서의 내용이 완전히 달라진다.

고객의 문제 인식 정도가 제안서에 영향을 주는 것처럼, 제안사의 문제 해결 능력도 제안서에 영향을 끼친다. 고객이 생각하기에 해결하기 불가능할 것 같은 문제라 할지라도 제안사에 탁월한 솔루션이 있으면 문제는 해결할 수 있다. 하지만 고객의 문제 인식 수준이 낮아서 솔루션 구매 예산이 제안사가 원하는 만큼 크지 않다면 어떻게 제안해야 할까? 반대로, 고객의 문제 인식 수준이 높아서 예산이 충분한데, 제안사가 가진 솔루션이 경쟁 제안사의 솔루션에 비해 부족한 점이 많다면 어떻게 제안서를 써야 할까?

이처럼 제안에는 고객의 문제 인식과 제안사의 문제 해결 능력이 '문제'다. 이 2가지 기준으로 4가지 제안 방법을 도출하면 다음과 같다.

		제안사의 문제 해결 능력	
		탁월함	부족함
고객의 문제 인식	중대함	① 경쟁사와 비교하여 제안하라	② 일단 동감하고 다른 방안을 제시하라
	사소함	③ 고객이 문제를 중대하게 인식하게 만들어라	④ 경쟁사의 전략을 확인하여 대처하라

① 경쟁사와 비교하여 제안하라

고객이 문제를 중대하게 생각하고 제안사가 그 문제를 해결할 능력이 탁월하다면 경쟁사와 세부 기능이나 스펙을 비교해서 제안해야 한다. 제안사의 강점을 최대한 부각하는 방법이 경쟁사와 비교하는 것이기 때문이다.

동시에 제안사가 가진 솔루션이 혁신적이면서도 안정적이라는 점도 강조해야 한다. 혁신성만 강조하면 고객이 너무 실험적이라고 오해할 수 있기 때문이다.

내비게이션 앱을 예로 들어 보자. 한 스마트폰 제조사가 스마트폰에 자사만의 내비게이션 앱을 기본 앱으로 깔기 위해 내비게이션 업체에 제안을 요청했다고 하자. 이때 고객이 가장 중대하게 생각하는 문제는 실시간 편한 길 추천 기능에서 운전자의 선호에 맞춰 경로를 추천하지 못한다는 것이라고 하자. 지금은 실시간 빠른 길 추천, 실시간 편한 길 추천, 최단 거리 추천, 고속도로 우선 추천 기능 등이 있는데, 이 중에서 실시간 편한 길 추천 기능이 현재는 도로 중심으로 설계돼 있다. 즉, 운전자 선호와 상관없이 넓고 곧고 신호가 적은 도로를 편한 길로 판단한다.

그런데 운전자에 따라 평소에 잘 아는 길을 더 편하게 생각할 수도 있다. 또 점심시간 직후에 운전한다면 몰려오는 졸음을 쫓아내려고 일부러 좁고 구불구불한 도로로 가기를 원할지도 모른다. 그런데 현재는 고객의 주행 특성이나 시간대를 고려해서 경로를 추천하기는 쉽지 않다.

자, 이런 경우에 제안사가 이 문제를 해결할 수 있는 인공지능 기반의 솔루션을 갖고 있다고 하자. 그렇다면 당연히 이 능력을 강조해야 한다. 이런 전략이 없다면 다음과 같이 솔루션을 설명하는 데 그친다.

【운전자 특성을 반영한 인공지능 경로 추천 기능】

제안사의 인공지능 경로 추천 기능은 운전자의 특성을 반영하여 맞춤형 경로를 추천합니다. 다음은 인공지능 경로 추천 기능의 작동 원리입니다.

〈그림〉 인공지능 경로 추천 기능의 작동 원리

  · · ·

이렇게 쓰면 전혀 제안사의 강점이 부각되지 않는다. 경쟁사와 비교해서 쓴 다음 내용과 비교해 보라.

【운전자 특성을 반영한 인공지능 경로 추천 기능】

제안사는 국내에서 유일하게 인공지능 경로 추천 솔루션을 갖고 있습니다. 다른 업체가 따라올 수 없는 독보적인 기능을 제공합니다.

〈표〉 주요 업체의 편한 길 추천 기능 비교

주요 기능	제안사	B 사	C 사
운전 이력 기록	O	O	O
운전 이력 분석	O	O	X
운전 시간 분석	O	X	X
운전 취향 분석	O	X	X
맞춤형 추천	O	X	X

제안사의 인공지능 경로 추천 솔루션은 최적의 알고리즘으로 운전자의 만족도를 극대화하는, 혁신적이면서 안정적인 솔루션입니다.

〈그림〉 인공지능 경로 추천 기능의 작동 원리

  · · ·

② 일단 동감하고 다른 방안을 제시하라

고객이 문제를 중대하게 생각하지만 제안사가 그 문제를 해결할 능력이 미흡하다면 고객의 인식에 일단 동감한 뒤 다른 방안을 제시해야 한다. 문제를 해결할 솔루션을 가진 경쟁사는 자신의 솔루션이 가장 좋은 방안이라고 주장할 것이다.

거기에 대고 솔루션도 없는 제안사가 '나도 할 수 있다'라거나 '한번 해보겠다'라고 쓰면 그 프로젝트는 망한다고 봐야 한다. 아무리 회사에서 개발자에게 '할 수 있다', '하면 된다', '이번에 하면서 만들어보자'라고 말해도 절대 넘어가서는 안 된다.

이럴 때는 무조건 경쟁사와 다른 접근법을 찾아야 한다. 경쟁사와 직접 부딪혀서는 이길 승산이 없기 때문이다. 어차피 제안은 여러 안을 내놓고 경쟁하는 것이다. 문제에 답이 하나일 수가 없다. 제안에서는 누가 더 일리 있는 안을 내놓느냐가 중요하다.

앞의 예를 이어가 보자. 경쟁사 중에서 A사가 운전자 특성을 반영한 인공지능 경로 추천 솔루션을 갖고 있어서 가장 유리한 입장이고, 우리는 B사라고 하자.

고객이 가장 중대하게 생각하는 문제는 경로 추천 기능이다. 경쟁사는 운전 시간과 운전 취향을 인공지능으로 학습하는 방식을 사용한다. 이 방식의 문제를 생각해 보자.

첫째, 충분한 학습 시간이 필요하다. 운전자가 여러 시간대를 여러 취향으로 운전하기까지는 인공지능이 제 성능을 낼 수 없다.

둘째, 인공지능이 추천한 경로가 운전자 마음에 들지 않는다고 운전자가 마음에 들 때까지 계속 운전자를 테스트할 수는 없다.

자, 여기서 대안을 세워보자. 학습 시간이 필요 없고, 운전자가 스스로 테스트할 수 있는 방안을 찾아보자. 어쩌면 운전자에게 직접 물어보는 것이 더 나은 선택일지도 모른다. 즉, 운전자에게 '고급 추천 기능'을 사용하게 하고, 이때 운전자의 취향을 간단히 설문하는 방식을 사용해 보자.

그러면 기존 방식과 인공지능 방식, 그리고 설문 방식을 비교할 수 있다. 즉, 고객에게 편한 길을 제시하는 세 가지 방법을 알려주고, 제안사가 선택한 방법이 더 좋은 대안임을 논리적으로 설명하는 것이다. 다음과 같이 써야 한다.

【운전자 특성을 즉시 반영하는 편한 길 추천 솔루션】

운전자 특성을 고려하여 편한 길을 추천하는 세 가지 방법 중에서 제안사는 가장 정확하고 안정적이며 즉시 반영이 가능한 A안 '설문 방식'을 제안합니다.

〈표〉 맞춤형 편한 길 추천 방안

주요 기능	A안 설문 방식	B안 인공지능 방식	C안 기존 방식
정확도	높음	오락가락함	보통
안정성	높음	낮음	보통
반영 시간	1분	3개월	(해당 없음)
개발 기간	2개월	6개월	1개월
검증	가능	불가능	(해당 없음)

〈그림〉 설문 방식의 편한 길 추천 기능의 작동 원리

. . .

③ 고객이 문제를 중대하게 인식하게 만들어라

고객이 사소하게 생각하는 문제를 제안사가 탁월하게 해결할 수 있다고 하자. 그리고 제안사가 내세울 만한 것이 이 문제 해결뿐이라고 하자. 딱히 다른 강점이 없는 상황에 이 문제 해결이 그나마 경쟁사와 비교해서 우위에 설 수 있다고 하자. 그러면 어떻게든 고객이 그 문제를 중대하게 인식하도록 만들어야 한다.

앞의 예에서 스마트폰 제조사가 운전자 맞춤형 추천 경로를 요구했는데, 이번에는 반대로 생각하자. 고객이 운전자 맞춤형 추천 경로에는 아무 관심이 없다고 하자. 그러니까, 고객은 기존의 경로 추천이 가진 문제를 중대하게 인식하지 않는다. 그런데 제안사는 인공지능을 이용한 운전자 맞춤형 경로 추천 솔루션을 가지고 있다고 하자.

이런 경우라면 제안사는 고객에게 기존의 경로 추천이 가진 문제를 부각해야 한다. 또한 선진국의 선진사가 점점 인공지능 기반의 운전자 맞춤형 경로 추천 기능을 개발하고 있고, 운전자들도 그런 기능을 원한다는 것을 알려줘야 한다. 이를테면 다음과 같이 써야 한다.

【경로 추천 트렌드와 최신 기술 분석】

인공지능 기술 발전으로 자율주행차와 운전자 맞춤형 서비스에 대한 운전자의 인식이 높아지면서 국외 선진사를 중심으로 기존 기능에 인공지능 기술을 더하려는 시도가 많아지고 있습니다.

이에, 지금부터 인공지능 기반의 운전자 맞춤형 경로 추천 기능을 핵심 차별화 기능으로 선정하여 미래에 대비해야 합니다.

제안사는 이미 인공지능으로 운전자 특성을 분석하여 최적의 경로를 추천하는 기술을 개발하여 해당 기술 분야에서 국내에서 가장 앞서 있습니다.

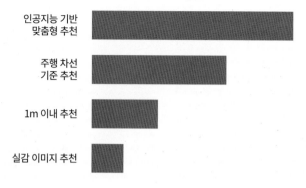

〈표〉 미국 내비게이션 전문가들이 연구 중인 경로 추천 방법

④ 경쟁사의 전략을 확인해서 대처하라

고객이 문제를 사소하게 생각하고 제안사도 딱히 내세울 만한 솔루션이 없다면 어떻게 할까? 보통은 제안서에 다루지 않거나 다룬다고 해도 평이하게 쓰고 넘어간다. 고객도 신경 쓰지 않고 제안사도 딱히 할 말 없는데 굳이 문제를 장황하게 떠들 필요가 없다.

그런데 만약 경쟁사가 그 문제를 들고나오면 어떻게 할까? 경쟁사가 그 문제를 중대한 문제라고 고객을 설득하면 어떻게 할까?

제안 발표 중이라고 생각해 보자. 경쟁사가 우리 앞 시간에 제안 발표를 한다. 그런데 거기서 고객이 사소하게 생각했던 문제를 아주 중대하게 얘기하고 자신들이 가진 솔루션을 엄청 부각시킨다. 하필 심사위원 중에 그 논리에 빠진 사람이 있다.

이제 우리가 제안 발표를 한다. 그런데 Q&A 시간에 그 심사위원이 그 문제를 질문한다. 그는 "앞 시간에 발표한 업체가 그 문제가 아주 중대하고 발주사에 꼭 필요한 것이라고 말했어요. 저는 동의합니다. 혹시 지금 발표하신 업체도 뭔가 확실한 솔루션이나 방안이 있으신가요?"

그래서 아무리 고객이 사소하게 여기고 제안사도 딱히 내세울 것이 없다 할지라도 뭔가 할 말은 준비해야 한다. 경쟁사가 어떻게 나올지 미리 알면 좋겠지만 그렇지 않다고 하더라도 사소한 문제에 대해 예상 질문과 답 정도는 준비해야 한다.

사실 이런 것을 개발자 혼자 준비하기는 쉽지 않다. 그럴 때는 제안 PM과 충분히 논의하자. 만약 개발자 출신 제안 PM이라면 문제를 문제로 보지 말고, 고객의 문제 인식과 제안사의 문제 해결 능력을 꼭 따져서 제안서를 쓰자.

03
고객의 요구사항은 변할 수밖에 없다

개발은 고객 요구 실현

개발은 고객의 요구사항을 실현하는 것이다. 그런데 요구사항이 처음부터 끝까지 모호한 경우가 많다. 개발하는 중에 요구사항이 바뀌기도 하고, 새로운 요구사항이 들어오기도 하고, 힘들게 개발한 기능이 요구사항에서 빠지기도 한다. 이럴 때마다 개발자는 허탈하고 속상하고 황당하다.

고객이 요구사항을 처음부터 명확히 하지 않고, 중간에 바꾸고, 막판에 추가하는 이유는 여러 가지가 있다. 그래서 그 이유를 잘 알고 대비해야 한다.

요구사항을 분석하지 말고 제시하라

첫째, 고객은 자기가 원하는 제품이 정확히 뭔지 모른다. 개발 용역은 백화점에서 내가 입을 옷을 고르는 일이 아니라, 실과 바늘만 가지고 한 번도 본 적 없는 이성의 옷을 만드는 일이기 때문이다. 그 사람을 본 적도 없고, 실과 바늘로 옷을 만들 줄도 모르는 사람이 백화점에서 잘 나가는 옷 몇 벌을 가져와서 이런 식으로 만들어달라고 하는 것이 고객의 요구사항이다.

반대로 얘기하면 개발자가 고객에게 요구사항을 '요구'하는 것 자체가 황당한 일이다. 고객은 자기가 원하는 것이 정확히 무엇인지 모르기 때문에 외주 용역을 주는 것이다.

고객이 "나는 무엇을 요구해야 하는지 몰라서 아는 대로, 생각난 대로 여기에 적었으니, 이 중에 무엇이 요구사항인지 알아서 판단하고 내게 정확한 요구사항을 제시해 주시오."라고 쓴 것이 제안요청서다.

따라서 개발자는 고객의 요구사항을 받아서 분석해서 개발하는 것이 아니라, 고객에게 요구사항을 제시해서 고객이 선택하게 만들어야 하고 그 선택에 따라 개발해야 한다.

예를 들어 보자. 다음은 홈페이지 구축 제안요청서의 일부다.

【과업 내용】

사용자의 접근성과 편의성을 위한 반응형 웹 구축

　　…

【공통 사항】

화면의 길이는 가급적 한 화면에 들어올 수 있도록 하며 한 페이지의 내용이 아래로 3페이지를 넘지 않도록 하고, 부득이하게 더 많은 내용의 콘텐츠가 구성될 경우 내비게이션 태그를 추가하여 쉽게 이동할 수 있게 구성되어야 한다.

　　…

【디자인 요구사항】

1024×768 픽셀 해상도에 최적화된 화면으로 구현한다.

예문을 보면 고객이 원하는 것은 3가지다. 첫째 반응형 웹, 둘째 한 화면의 내용 길이를 최대 3페이지로 할 것, 셋째 1024×768 해상도에 맞출 것.

그런데 이 3가지 내용은 현실에서 도저히 일어날 수 없는 것이다. 반응형 웹을 하려면 1024×768 해상도에 맞출 수 없다. 반응형 웹 자체가 단말기와 브라우저 크기에 반응해서 최적화하는 것이기 때문이다.

또, 1024×768 해상도에서 3페이지로 보이던 내용이 스마트폰에서는 10페이지 가까이 늘어나는 것은 당연한 일이다. 만약 스마트폰에서도 최대 3페이지 이내로만 보이게 하려면 페이지 내용을 해상도에 따라 처음부터 조각내서 만들거나 동적으로 다시 디스플레이해야 한다. 이 일은 홈페이지를 서너 개 만드는 정도의 노력이 든다.

개발자는 고객에게 이 3가지 요구를 동시에 구현할 수 없다고 알려주면서 요구사항을 다시 제시해야 한다.

【요구사항 문제】

제안요청서 요구사항 중 반응형 웹, 한 화면의 내용 길이를 최대 3페이지로 할 것, 1024×768 해상도에 맞출 것은 현실에서 구현될 수 없음.

【대안 제시】

1024×768 픽셀 해상도에서 내용이 최대 3페이지를 넘지 않도록 화면을 구현하고, 분량이 많거나 해상도가 줄어서 3페이지를 넘는 경우에는 자동으로 내비게이션 태그가 보이게 하는 방법을 제시함.

변화하는 요구사항에 대비하라

둘째, 요구사항은 반드시 변한다. 인천에서 서울 종로까지 자동차로 출근한다고 생각해 보자. 출근 전에 내비게이션을 켜면 추천 경로와 예상 시간을 알려준다. 하지만 일단 자동차를 운전하기 시작하면 내비게이션은 끊임없이 경로를 재탐색한다. 도로 상황은 실시간으로 변하기 때문이다.

도로 상황과 관계없이 내비게이션이 처음에 추천한 경로로 간다면 지각할 확률이 더 높아진다. 내비게이션이 시킨 대로 가지 않고 다른 길로 가면 내비게이션은 다시 새로운 길을 탐색한다. 이 과정이 회사에 도착할 때까지 끊임없이 반복된다.

개발이란 이와 같다. 고생 끝에 목표 시스템을 만들어 작동을 시작해도 요구사항이 바뀌고 새로운 요구사항이 들어온다. 그러니 최초의 요구사항은 단지 참고사항일 뿐이다. 요구사항이 끊임없이 변한다는 것을 이해해야 개발자가 대응할 수 있다. 가장 좋은 방법은 요구사항 정의와 구현, 고객의 검수 사이의 시간 차이를 줄이는 것이다.

예를 들어, 제안요청서에서 회원가입과 로그인 기능의 요구사항이 다음과 같았다고 하자.

【회원가입과 로그인 기능 요구】

- SQL 인젝션 해킹에 대비하여 개발해야 함
- 로그인할 때 아이디를 기억하는 기능 필요

그런데 이 사업을 수주해서 고객과 요구사항을 분석하는 미팅을 하는 과정에서 다음과 같이 새로운 요구사항이 나왔다.

【회원가입과 로그인 기능 요구】

- SQL 인젝션 해킹에 대비하여 개발해야 함
- 로그인할 때 아이디를 기억하는 기능 필요
- 아이디 중복 체크
- 비밀번호 암호화

이렇게 요구사항이 정리된 뒤 분석과 설계가 끝나고 개발자가 개발을 완료했다. 그런데 회원가입과 로그인 말고도 무수히 많은 기능이 있어서 이것들을 다 개발하고 나니 어느새 6개월이 지났다. 그리고 테스트 단계에 접어들어서 고객이 테스트할 수 있게 했다. 그런데 갑자기 고객이 메일로 다음과 같이 요구한다.

【회원가입과 로그인 기능 관련 추가 요구】

- 회원 가입할 때 휴대전화 등으로 본인 확인 필요
- 로그인할 때 아이디를 기억하지 못하게 보안 로그인(일회용 로그인) 기능 추가

고객이 6개월이 지나면서 이런저런 사이트를 다니며 벤치마킹했고, 그러다가 처음에는 미처 생각지 못했던 기능을 발견해서 그것을 개발을 끝낸 개발자에게 추가 요구로 요청하는 상황이다.

계약에 따르면 개발자는 추가 요구를 거절할 수 있다. 하지만 현실은 그렇지 못하다. 테스트 직후에 완료 검수를 받아야 하는데 고객이 추가 요구를 핑계로 검수를 미루거나 하면 개발자만 곤란하다. 결국 야근과 주말 근무를 해서 고객의 추가 요구를 들어줄 수밖에 없다.

기존에는 목표 시스템 전체를 기준으로 분석 단계에서 요구사항을 모두 정의했다. 그것을 가지고 설계하고 구현하고 테스트한 뒤 검수를 받았다. 이런 방식은 요구사항을 정의할 때부터 고객이 실제 결과를 볼 때, 즉 테스트할 때까지 걸리는 시간이 길다. 시간이 지날수록 요구사항은 달라지기 마련이다.

그래서 기존 방식을 투 트랙으로 바꾸는 것이다. 첫 번째 트랙은 목표 시스템 전체에 대해 분석-설계-구현-테스트-검수 단계를 밟는 것이다. 두 번째 트랙은 기능별로 분석-설계-구현-테스트-검수 단계를 짧게 받는 것이다.

첫 번째 트랙에서는 기본적이고 일반적인 수준으로 요구를 정의한다. 주로 제안요청서에 있는 것을 좀 더 명확하게 정의한다. 두 번째 트랙에서는 기능별로 세부 활동에 대한 정밀한 요구를 정의한다. 이 활동은 기능을 개발하기 직전에 하는데, 이것이 중요하다.

즉, 개발하기 직전에 고객과 요구사항을 다시 한 번 구체적으로 점검하는 것이다. 이때 개발자는 아이디 중복을 체크할 것인지, 비밀번호를 암호화할 것

인지, 휴대전화로 본인 인증을 할 것인지, 일회용 보안 로그인 기능을 넣을 것인지 하나하나 묻고 체크해야 한다. 이를 그대로 문서화해서 고객의 승인을 받은 뒤에 곧바로 설계해서 개발한다.

해당 기능의 개발이 끝나면 즉시 고객에게 테스트를 요청하고 검수를 받는다. 전체 목표 시스템이 아니라 회원가입과 로그인 기능에 한정해서 검수를 받는 것이다. 이렇게 하면 고객의 요구와 개발, 검수 사이의 시간 차이를 최소화할 수 있고, 고객의 변덕에 대비할 수 있다.

04
고객의 총 만족도를 높이자

요구라고 다 같은 요구가 아니다

개발자가 고객의 요구를 충족하지 못하면 고객의 불만이 커진다. 그러면 개발자가 고객의 요구를 충족하면 고객은 무조건 만족하는가?

고객이 A, B, C라는 세 가지 기능을 요구했다. A 기능을 개발하는 데 20시간이 들지만, 그 작업을 완료한다고 해서 고객이 그렇게 만족하는 것은 아니다. B 기능은 개발자가 60시간이나 들여서 만들어야 한다. 하지만 열심히 노력해서 만들어도 고객의 만족도는 전혀 오르지 않는다. 당연한 것을 했다고 생각한다.

그런데 C 기능은 다르다. C 기능은 겨우 10시간만 들이면 개발할 수 있다. 그런데 C 기능을 완료하면 고객이 매우 좋아한다. 고객이 딱 필요로 하던 것이기 때문이다.

이처럼 요구사항은 개발자 관점과 고객 관점이 다르다. 어떤 요구사항은 S급이고 어떤 요구사항은 C급이다. 가장 좋은 것은 개발자의 시간을 적게 쓰면서도 고객의 만족도가 높은 기능을 먼저 잘 개발하는 것이다. 그러니까, 요구사항을 모두 충족하는 개념이 아니라 고객의 총 만족도를 높이는 것이다. 개발자의 자원을 고객의 총 만족도를 높이는 쪽으로 설계해야 한다는 뜻이다.

방법은 쉽다. 다음 표처럼 요구사항별로 개발자의 소요 시간과 고객의 예상 만족도를 숫자로 표시하자.

요구사항	개발자의 소요 시간(시)	고객의 예상 만족도(1~10)
A 기능	20	3
B 기능	60	1
C 기능	10	9
:	:	:

이제 이 표를 가지고 XY 좌표를 만든다. 그러면 개발자가 무엇부터 개발해야 하고, 무엇에 더 시간과 노력을 들여야 하는지 알 수 있다. 여기서는 C 기능을 가장 먼저 만들고 시간을 조금 더 들여서 테스트해야 한다.

카노 모델로 본 요구의 세 가지 종류

개발자가 시간을 덜 쓰고도 고객의 총 만족도를 높이는 세 가지 패턴을 설명한 카노 모델을 보자. 카노 모델은 카노 노리아가 1980년대에 연구한 상품 기획 이론이다. 어떤 상품의 기능이나 구성 요소의 충족에 대한 소비자 만족의 관계를 설명한다. 다음 그림은 카노 모델이 제시하는 세 가지 만족도 유형을 한 좌표에 표시한 것이다. 이 그림에서 x축은 고객의 요구 충족도다. y축은 고객의 만족도다.

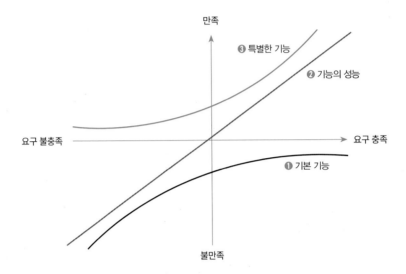

❶ 기본 기능은 요구를 충족하지 못하면 고객이 불만족하지만, 요구를 충족했다고 해서 고객 만족도가 크게 오르지는 않는 유형이다. 예를 들어, 회원가입, 로그인, 로그아웃 같은 기본 기능은 없으면 큰 불만을 느낀다. 그렇다고 해서 기능을 열심히 만들어봤자 고객이 크게 만족하지도 않는다. 당연한 요구를 당연히 수행한 것이다.

❷ 기능의 성능은 요구를 충족할수록 고객이 만족하고, 충족하지 않으면 고객이 불만족하는 유형이다. 예를 들어 웹 페이지 로딩 시간이 있다. 로딩 시간이 길면 길수록 고객의 불만이 커지고, 로딩 시간이 짧으면 짧을수록 고객의 만족도는 커진다.

❸ 특별한 기능은 고객이 그다지 기대하지 않았던 것이어서 충족하지 못해도 불만족스럽지 않는데, 만약 충족하면 크게 만족하는 경우다. 스마트폰에서 키 입력 방식에 더해 지문이나 홍채 인식으로 로그인할 수 있는 기능을 추가하면 고객은 크게 만족한다.

카노 모델에서 중요한 것이 하나 더 있다. 같은 요구 충족이라도 시간이 지나면서 고객의 만족도가 달라진다. 지금 특별한 기능이라 할지라도 시간이 지나서 모든 스마트폰에서 지문이나 홍채로 로그인할 수 있으면 이 요구 충족은 더는 특별한 기능이 아니다.

개발자는 기본적으로 기본 기능 요구는 모두 수용해야 한다. 하지만 기능의 성능 요구는 한계를 정해야 한다. 무조건 기능의 성능을 강화할 수는 없다. 그런데 특별한 기능은 하나쯤 만들어야 한다. 제안요청서나 계약서 어디에도 없는 특별한 기능 하나가 개발자의 다른 문제(해결하지 못한 몇몇 요구나 버그)를 해결해 줄 수도 있다.

7장

기술 블로그 쉽게 쓰고 운영하기

기술 블로그를 쉽게 쓰는 방법 3가지

개발자가 기술 블로그를 잘 못 쓰는 이유

개발자가 기술 블로그를 잘 못 쓰는 이유 중 하나는 블로그에 글을 쓰는 방법이 학생이었을 때 배운 글쓰기 방법과 다르기 때문이다. 우리가 학생이었을 때 배운 글쓰기 방법은 주로 논설문이나 설명문을 쓰는 방법이었다. 논설문이나 설명문은 목적이 분명해야 해서 다음 질문에 먼저 답할 수 있을 때 비로소 글쓰기를 시작할 수 있다.

- 이 글을 왜 쓰는가?
- 이 글을 읽는 독자는 누구인가?
- 이 글을 읽는 독자에게 무엇을 말하려고 하는가?
- 이 글이 주장하는 바가 무엇인가?
- 이 글이 주장하는 바의 근거가 분명한가?

이런 질문에 대답해야 하니 글쓰기는 자연스럽게 문제해결 과정이 되었다. 글쓰기를 문제해결 과정으로 배운 것이다. 문제해결 과정의 핵심은 문제를 충분히 고민하여 해결 방안을 전략적으로 선택하는 것이다. 이를 글쓰기에 대입하면, 글을 쓰기 전에 계획을 세우는데, 이 계획 단계에 시간을 충분히 할애해야 한다. 무턱대고 글부터 쓰면 안 되고, 충분히 생각해서 주제를 정하고 주제 의식을 확립한 후 글을 쓸 때 필요한 자료나 아이디어를 구해야 한다. 그러고 나면 독자를 분석해서 글의 수준이나 방향을 정해야 한다. 독자가 전문가라면 어려운 내용을 그대로 쓰고, 독자가 비전문가라면 쉽게 풀어서 써야 한다. 논리에 부족함이 있으면 근거가 완벽해질 때까지 글을 쓰면 안 된다.

이런 식의 주제 우선 글쓰기, 독자 중심 글쓰기, 주장하는 글쓰기가 학교를 벗어난 개발자의 글쓰기 방식을 지배해왔다. 그래서 주제가 불분명하고, 독자 수준이 천차만별이고, 딱히 주장할 것이 없는 기술 블로그를 써야 할 때는 생각이 정리되지 않고 목차도 못 잡고 한 줄도 못 쓴다.

예를 들어 개발기를 보자. 개발기에는 딱히 주제라 할 만한 것이 없다. 억지로라도 주제를 짜내봤자 '힘들었던 개발 과정'이거나 '열심히 해봐라' 식의 메시지밖에는 없다. 그런데 개발기는 논설문이 아니다. 그래서 딱히 주제 의식이 있을 리가 없다. 어떤 어려움과 노력을 말하려는 것이 아니라, 그저 개발 과정 그 자체를 말하려는 것뿐이다.

튜토리얼이나 개발 가이드, 개발자 컨퍼런스 후기도 그저 방법이나 내용을 전달하려는 것뿐이다. 유시민 작가처럼 어떤 강렬한 주제 의식이 있어서 투사처럼 글쓰기를 이용하는 것이 아니라, 그저 일어난 일, 했던 일, 봤던 것을 담담하게 있는 그대로 정리해서 알려주고자 할 뿐이다.

기술 블로그를 읽는 독자의 수준도 일정하지 않다. 개발자 블로그를 보는 사람은 대부분 개발자이지만, 개발자의 폭과 깊이가 천차만별이다. 이제 막 워드프레스를 배워서 쇼핑몰을 만들려는 사람도 네이버 기술 블로그에서 "TensorFlow를 활용한 네이버쇼핑의 상품 카테고리 자동 분류" 게시물을 흥미롭게 읽는다. 대기업에서 20년 가까이 개발팀을 이끌다가 스타트업 CTO가 된 고수 개발자도 우아한형제들 기술 블로그를 종종 접속해 이것저것 읽어본다. 폭과 수준이 이렇게 다양한 독자를 대상으로 '초등학생도 이해할 수 있는 수준'으로 글을 쓸 수 있는 개발자는 없다.

개발자의 블로그는 딱히 주장도 없다. "TensorFlow를 활용한 네이버쇼핑의 상품 카테고리 자동 분류"에서 쇼핑몰 카테고리 자동 매칭을 하기 위해 CNN-LSTM 모델을 사용했다고 썼더라도 독자에게 CNN-LSTM 모델을 사용하라고 주장할 수는 없다. 단지, 네이버 개발자가 문제를 해결하는 현실적인 방법으로 CNN-LSTM 모델을 선택했을 뿐이다. 수없이 많은 변수를 가진 개발 환경에서 특정 방법을 강력히 주장하는 개발자가 없으니, 당연히 개발자의 블로그에도 주장이 있을 수 없다. 단지 개발자가 했던 선택과 몇몇 상황에서 더 좋은 방법을 제시할 수 있을 뿐이다. 독자에게 그렇게 하라고 주장해 설득하고 싶은 마음을 가진 개발자는 전혀 없다.

필자는 개발자가 블로그에 글을 쓸 때 개발자에게 적합한 방법 세 가지를 제시한다. 첫째 소재 우선 글쓰기, 둘째 자기 수준 글쓰기, 셋째 재미있는 글쓰기다.

첫째, 주제 의식을 버리고 소재 의식으로 쓰자

소재 우선 글쓰기는 주제 의식이 아니라 소재 의식을 갖고 쓰는 것이다. 주제 의식이 민족이나 권선징악, 자존감이나 자본주의 같은 추상적 가치를 기반으로 한다면 소재 의식은 특정한 대상이나 상황에 대한 자기만의 관점이나 생각이나 해결 방안을 뜻한다.

예를 들어 우아한형제들 기술 블로그에 올라온 글 중에 "데이터베이스의 자동증가 값을 기본키로 사용할 수 없을 때는?(http://woowabros.github.io/study/2019/01/30/identifier_generator.html)"이 있다. 데이터베이스의 자동증가 값을 기본키로 사용할 수 없는 상황이 벌어졌고, 그 상황을 어떤 방법으로 해결한 내용을 기술 블로그에 올린 것이다. 이런 것이 바로 소재 의식이다.

주제 의식은 많은 사람에게 보편적인 주제를 선택해서 더 많은 사람에게 주제 의식을 퍼뜨리는 것이지만, 소재 의식은 독자와 상관없이 대상이나 상황에 맞닥뜨렸을 때부터 그 대상이나 상황에서 벗어날 때까지 겪은 일을 담담하게 정리해서 얘기할 뿐이다.

이런 점에서 기술 블로그는 일상을 다룬 수필이나 에피소드와 비슷하다. 수필을 평가하는 평론가나 국어 선생님들이 수필의 주제를 찾는 것이지, 수필을 쓰는 사람은 그저 일어난 이야기를 할 뿐이다. "데이터베이스의 자동증가 값을 기본키로 사용할 수 없을 때는?"의 앞부분과 뒷부분을 보면 주제가 없고 그저 한 일을 적었을 뿐이다.

안녕하세요. OOO팀 OOO입니다.

작년에 입사한 이후로 매번 주변 동료분들에게 배움을 얻기만 해왔는데, 이번에는 배운 내용을 공유해보고자 합니다.

【이제껏 해온 기본키 매핑】

엔티티에 기본키를 매핑할 때 간편하게 매핑할 수 있고, 비즈니스 환경이 변하더라도 기본키를 바꿀 필요가 없다는 이유 등으로 주로 데이터베이스의 자동 증가값을 아래와 같이 매핑하여 사용해왔습니다.

【장애물】

위와 같은 형태로 대부분의 엔티티에서 자동증가 값을 사용하여 간편하게 기본키를 매핑해왔지만, 자동증가 값을 사용할 수 없는 장애물이 나타났습니다. 바로, 기존에 동작하고 있던 코드와의 호환이었습니다.

⋯

【엔티티】

위 SeqGenerator 클래스에서 생성한 기본키를 사용하는 엔티티의 아이디 필드는 아래와 같이 매핑하였습니다.

엔티티의 아이디 필드에 하이버네이트에서 제공하는 @GenericGenerator 애노테이션을 선언 후, @GeneratedValue 애노테이션의 generator modifier에는 @GenericGenerator에 선언한 name을 적어주어 엔티티 저장 시 @GenericGenerator의 strategy에 지정한 클래스에서 생성한 기본키를 사용하도록 하였습니다.

참고

IdentifierGenerator

Configurable

ConfigurationHelper

@GenericGenerator

끝!!

둘째, 독자 수준이 아니라 자기 수준으로 쓰자

글쓰기 전문가들은 다들 글을 쓸 때 초등학생도 이해할 수 있도록 쉽게 풀어서 쓰라고 한다. 하지만 직장에서 하는 일을 초등학생이 이해할 수 있게 풀어서 글을 쓸 수 있는 사람은 없다.

이와 관련하여 재미있는 이야기가 있다. 구글 면접 문제 중에 "8살 조카에게 데이터베이스를 3문장으로 설명하기"가 있다고 한다. 과연 어떻게 설명하면 될까? 인터넷에 떠도는 답변은 다음과 같다.

> 데이터베이스는 정보를 구성하는 방법입니다. 그것은 방의 모든 장난감이 어디에 있는지 아는 지니와 같습니다. 특정 장난감을 직접 찾아서 전체 방을 검색하는 대신, 지니에게 모든 장난감 병사나 X-Men 액션 피규어 또는 경주용 자동차만 찾아달라고 요청할 수 있습니다.

이 글을 보고 많은 사람들이 댓글을 달았는데, 대강 다음과 같은 내용이다.

- 데이터베이스는 레고야! 블록과 피규어가 많으면 많을수록 무엇이든 만들 수 있지. 나 가! 삼촌 이제 피곤해!
- 데이터베이스는 재료가 들어 있는 냉장고야! 안에 있는 재료를 꺼내다가 니가 좋아하 는 여러 가지 간식을 만들 수 있단다. 뭐 먹고 싶니?
- 데이터베이스는 슈퍼마켓과 같은 거야. 슈퍼에 네가 먹고 싶은 많은 과자들이 있지? 그걸 모아놓은 게 슈퍼마켓이야. 이제 과자 먹으러 가볼까? 돈은 니가 내렴!
- 데이터베이스는 옷장처럼 보관하는 곳이야! 여기서 옷을 꺼내 입듯이 정보를 꺼내 사 용 가능하지! 자 예쁜 옷 입고 나가 놀까?

이 답변들을 잘 보면 모두 공통점이 있다. 바로 비유법이다. 어려운 내용을 초 등학생에게 설명하는 방법으로 하나같이 비유법을 쓴다는 것이다. 하지만 비 유법은 한계가 분명하다. 단지 어떤 것의 원리를 간접적으로 이해한 것에 불 과하다. 초등학생이 간접적으로 이해하는 것만으로는 데이터베이스를 한 줄 도 만들 수 없다.

어려운 기술 용어를 초등학생이 이해할 수 있도록 쉽게 설명하라는 문제가 세 계 최고 개발자를 뽑는 구글의 입사 문제였다는 점은 기술 블로그를 독자 수 준에 맞춰 쉽게 쓰기가 얼마나 어려운 일인지를 보여준다. 게다가 그렇게 무 조건 쉽게만 쓴 글을 읽는 독자가 그 내용을 얼마나 활용할 수 있을지 알 수 없다. 그러니 기술 블로그를 쓸 때는 독자 수준이 아니라 작성자 수준으로 쓰 는 편이 낫다.

예를 들어 어려운 용어를 써야 한다고 하자. 하지만 어려운 용어를 무조건 풀 어서 쓰거나 쉬운 용어로 바꿔 쓸 수가 없다. 개발자가 사용하는 용어는 이미 표준이거나 관습인 경우가 대부분이다. 그래서 개발자가 어려운 용어를 쓴 것 이 문제가 아니라, 독자가 그 용어를 알지 못한 채 글을 읽거나 글을 읽으면서 그 용어를 이해할 능력이 안 되는 상황이 문제다. 개발자가 이런 독자를 위해서 일일이 용어를 풀어쓰고 해설하다 보면 본래 말하고자 했던 내용은 한 줄도 쓸 수가 없다.

예를 들어 "반응형 웹을 만드는 법"을 알려주면서 CSS라는 용어를 풀어서 쓸수는 없다. CSS가 무엇인지 설명하려면 본래 내용보다 더 설명할 것이 많아져서 글이 늘어진다. 다음 예를 보자.

【잘못된 예】

    …

반응형 웹을 만들 때는 CSS를 잘 활용해야 합니다.

CSS(Cascading Style Sheets)는 마크업 언어가 실제 표시되는 방법을 기술하는 언어로, HTML과 XHTML에 주로 쓰이며 XML에서도 사용할 수 있습니다. W3C의 표준이며, 레이아웃과 스타일을 정의할 때의 자유도가 높습니다. 마크업 언어가 웹사이트의 몸체를 담당한다면 CSS는 옷과 액세서리 같은 꾸미는 역할을 담당한다고 할 수 있습니다. 즉, HTML 구조는 그대로 두고 CSS 파일만 변경해도 전혀 다른 웹사이트처럼 꾸밀 수 있습니다.

    …

그러면 이제 반응형 웹에 사용되는 CSS를 알아보겠습니다.

    …

"반응형 웹을 만드는 법"을 읽으려는 독자 중에 CSS가 뭔지 모르는 사람은 확실히 없겠지만, 그래도 CSS를 모르는 독자가 1명이라도 있다면 위키피디아 링크를 걸어놓는 편이 낫다.

【좋은 예】

...

반응형 웹을 만들 때는 CSS(https://ko.wikipedia.org/wiki/CSS)를 잘 활용해야 합니다. 그러면 반응형 웹에 사용되는 CSS를 알아보겠습니다.

...

실제 사례를 보자. 다음 예문은 네이버 D2에 올라온 "TensorFlow를 활용한 네이버쇼핑의 상품 카테고리 자동 분류" 글 일부분이다.

5. MobileNetV2 – Product Image

MobileNet이 나오기 전 모델인 VGG(https://arxiv.org/pdf/1409.1556.pdf)는 여러 가지의 레이어로 구성된 Deep Neural Nets이다. ILSVRC(Large Scale Visual Recognition Challenge, http://www.image-net.org/challenges/LSVRC/)에서 2위를 차지할 만큼 성능이 좋지만 파라미터가 많아 용량 및 리소스가 제한된 컴퓨터(예를 들어 모바일)에서는 사용하기 어려운 모델이다.

성능과 효율성 사이의 균형을 맞추려는 연구가 이어지며 2017년 4월에 Google은 Standard Convolution을 분해해 Depth-wise Convolutional Filter를 사용하는 MobileNets(https://arxiv.org/pdf/1704.04861.pdf)를 발표했다. 그 후 1년 만인 2018년 4월에는 Linear Bottlenecks 구조와 Residual Connection을 사용한 MobileNetV2(https://arxiv.org/pdf/1801.04381.pdf)를 발표했다.

VGG와 비교했을 때 MobileNet의 정확도는 비슷하다. 하지만 MobileNet은 VGG에 비해 연산량과 파라미터의 개수가 1/10 수준이라 GPU 장비가 없는 서버나 실시간성이 필요한 서비스에 적합하다.

이 글에서는 독자가 이해하지 못할 것으로 예상하거나 추가 정보가 필요한 용어에는 모두 링크를 걸었다. 하지만 'Deep Neural Nets'나 'Standard Convolution', 'Depth-wise Convolutional Filter', 'Linear Bottlenecks', 'Residual Connection', 'GPU' 같은 단어에는 링크도 걸지 않고 우리말로 바꾸지도 않고 풀어쓰지도 않았다.

개발자가 기술 블로그를 쓸 때는 독자를 생각해서 어려운 용어를 일부러 해석해 풀어쓰거나 쉬운 용어로 바꿀 필요가 없다. 원래 사용하는 용어로 그냥 표기하되 필요하다면 용어를 정의한 위키피디아 페이지나 세부 내용을 볼 수 있는 사이트나 문건을 링크로 걸어두면 된다. 기술 블로그란 것은 결국 실력이 비슷한 독자를 위한 것이다. 독자에게 다 설명하는 것이 아니라 핵심 내용만 쓰고 나머지는 독자가 공부할 수 있게 길만 터놓는 것이 현명한 방법이다. 그래야 개발자도 자기가 쓰려는 글의 본질에 집중할 수 있다.

셋째, 재미있게 글을 쓰자

논문이나 기술 매뉴얼, 사용 설명서를 쓸 때는 자신의 경험을 녹여내거나 글의 기교를 부릴 여지가 별로 없다. 이런 글은 정확하고 군더더기가 없이 깔끔하지만, 글 쓰는 재미나 읽는 재미가 별로 없다. 그래서 경험 없고 기교도 없이 글을 쓰는 사람은 블로그에 글을 몇 번 올려보니 재미도 없고 읽는 사람도 없고, 읽은 사람이 있더라도 글에 대해 아무 반응이 없으니 얼마 못 가서 블로그를 접는다.

예를 들어 위키피디아에서 '객체 지향 프로그래밍'의 역사를 아무런 기교도 없이 서술한 부분을 보자. 좋은 글이지만 재미는 없다.

객체 지향 언어의 시초는 1960년 노위지안 컴퓨팅 센터의 조한 달과 크리스틴이 발표한 시뮬라 67이다. 시뮬라 67이 채택하고 있는 가장 중요한 개념은 클래스의 도입으로서 이 아이디어는 스몰토크, C++ 등에도 사용되었다. 하지만 시뮬라 67의 발표 이후 10여 년간 객체 지향 언어는 전혀 주목을 받지 못하였다. 1970년 컴퓨터 산업을 주도한 IBM, AT&T, 미 국방성 등에서 관심을 두지 않았기 때문에 시뮬라 67은 실용적인 언어로 발전하지는 못하였다. 하지만 이의 학문적 가치는 인정받고 있다.

【스몰토크】

객체 지향 언어로서의 실질적 원조는 제록스 기업의 팰러앨토 연구소에서 앨런 케이의 책임 하에 만들어진 스몰토크다. 이 언어 역시 아이디어는 시뮬라 67에서 얻어왔지만, 가장 순수한 객체 지향 언어로 만들어졌으며 현재에도 인정받고 있다. 미국에서 많은 사용자들을 확보하고 있다….

글쓰기 기교는 글을 아름답게 만들고 쉽게 읽히게 한다. 기교를 부리다 보면 글쓰기가 재미있고 글도 재미있어진다. 글에 재미가 있으면 독자가 활발히 반응하고 독자의 반응이 활발하면 블로거는 글을 계속 쓸 동력을 얻는다. 글쓰기 기교는 이렇게 선순환을 만든다.

나무위키가 '객체 지향 프로그래밍'의 역사를 기교 있게 서술한 것을 보자. 앞에서 예로 든 위키피디아 예문과 비교해서 보면 차이가 분명히 드러난다.

【역사 – 시작과 발전】

초기 프로그래밍 방식은 절차적 프로그래밍 방식이었다. 학교대사전의 고등학생 알고리즘처럼 입력을 받아 명시된 순서대로 처리한 다음, 그 결과를 내는 것뿐이라는 생각이 지배적이었다. 프로그램을 명령어의 모음으로 인식한 것이다. 또한 프로그래밍이란 어떻게 어떤 논리를 어떤 순서대로 써나가는 것인가로 간주되었다. 즉, 프로그램 자체가 가지는 기능에 대해서만 신경을 썼지, 이 프로그램이 대체 어떤 데이터를 취급하는 것인가에는 그다지 관심이 없었던 것이다.

그러나, 이 방식은 간단한 알고리즘이면 모를까 조금만 복잡해지면 순서도로 나타내는 것이 불가능할 정도로 꼬인 "스파게티 코드"를 만들게 된다. 간단히 말해서 스타크래프트를 위의 순서도로 그려야 된다고 생각해봐! 이렇게 꼬인 코드를 다른 사람이 보고 이해하는 것은 거의 불가능하고 심지어는 작성한 본인조차도 유지보수에 어려움을 겪게 된다. 특정 코드 부분은 어디에 사용되는 코드고 해당 코드 부분은 어디까지 이어지고, 코드가 어디로 연결되어 있느냐 등을 파악하는 것. 양이 많은 것은 기본이고, 중복 코드도 많이 생길 때 매우 골치 아프다. OOP를 사용하면 코드의 중복을 어느 정도 줄일 수 있고 입력 코드, 계산 코드와 결과 출력 코드 등 코드의 역할 분담을 좀 더 확실하게 할 수 있어서 가독성이 높아질 수 있다….

위키피디아의 설명에는 없는 경험과 기교가 나무위키에는 있다. 그래서 나무위키가 위키피디아보다 읽는 재미가 있다. 좋은 기술 블로그는 개발자의 경험에서 우러나오는 내용을 적절한 글쓰기 기교로 녹아낸 것이다. API 레퍼런스가 위키피디아처럼 인공지능 컴퓨터가 담담하게 쓴 것 같다면 기술 블로그는 그 글을 쓴 사람의 경험을 독자가 온몸으로 공감하고 끄덕이게 만들어야 한다.

02
글의 종류별로 목차 잡는 법 I - 저술

기술 블로그의 4종류, 저, 술, 편, 집

개발자가 기술 블로그에 쓰는 글의 종류는 매우 다양하다. 직접 개발한 과정, 튜토리얼, 개발 가이드, 에러나 버그를 해결하는 방법, 세미나 후기나 책 리뷰, 스스로 깨달은 교훈, 각종 레퍼런스, 개발 상식 등 수도 없이 많다. 하지만 이런 글은 크게 저, 술, 편, 집 4가지로 나뉜다.

여기서는 4가지 종류별로 글의 목차를 잡아 구조화하는 방법을 설명한다. 글의 목차를 잡아 구조화하는 이유는 독자가 읽기 쉽도록 배려하는 것도 있지만, 글쓰기를 부담 없이 시작하고 글을 쉽게 쓰고 빠른 시간에 글을 완료할 수 있기 때문이다. 이 방법은 글의 종류별로 다르므로 저, 술, 편, 집 각각에 해당하는 방법을 배워 보자.

구분	내용	종류
저著	직접 경험하고 실험한 과정이나 결과	개발기, 도입기, 적용기
술述	어떤 것을 분석하여 의미를 풀이하고 해석한 것	기술 소개, 용어 분석, 에러 해결 방법 등
편編	산만하고 복잡한 자료를 편집해 질서를 부여한 것	프로그램 설치/설정 방법, 튜토리얼, 세미나 후기, 책 리뷰
집輯	여러 사람의 견해나 흩어진 자료를 한데 모아 정리한 것	명령어 모음, 팁, OO가지 규칙

저著: 개발기는 목차를 잘 잡아서 본문부터 쓰자

저著는 직접 경험한 것을 쓴 것이다. 개발 과정과 결과를 쓴 개발기가 여기에 해당한다. 예를 들면 다음과 같은 글이 있다.

- TensorFlow를 활용한 네이버쇼핑의 상품 카테고리 자동 분류
- DI을 이용해 배달대행 주문정보 연동
- Dagger 적용기
- 분산 웹 캐시Wcache의 개선 과정

개발 과정과 결과를 다룬 개발기를 쓸 때는 무엇보다 목차를 잘 구성해야 한다. 목차만 제대로 잡으면 다른 종류의 글보다 쓰기 쉽다. 다시 말하면, 많은 개발자가 개발기 목차를 구성하지 못해서 개발기를 잘 못 쓴다. 왜 그런지 알아보자.

개발기 목차는 1차원 단방향이다. 1장 다음에는 2장이 이어지고, 2장 다음에는 3장이 순서대로 이어진다. 하지만 개발자의 경험은 2차원 양방향이다. A 문제를 해결하려고 B 코드를 썼다가 C 버그가 생겨서 D 기술을 도입하고 A 문제를 해결했지만, 다시 E 문제가 생기고 F 코드를 썼는데 G 버그가 생겨서 한참을 복기하다가 H 코드로 바꾸는 식으로 경험한다. 그래서 개발자 머릿속에는 자신의 경험이 길을 잃고 헤매다가 겨우 목적지에 도착한 모습으로 남아있다. 이렇게 복잡한 2차원 양방향 개발 경험을 1차원 단방향 목차로 바꿔야 하니 어려울 수밖에 없다.

2차원 양방향 경험을 1차원 단방향 목차로 바꾸는 핵심 방법은 최종적으로 성공한 루트와 중간에 실패한 루트를 구별하는 것이다. 예를 들어, 다음 그림처럼 목표 지점을 찾아가는 동안 길을 잃어서 갔던 길을 돌아오거나 빙 둘러갔다고 하자. 이 루트에서 갔던 길을 돌아오거나 빙 둘러간 루트를 모두 빼면 최

종 루트만 남는다. 이것이 아키텍처나 알고리즘, 모델, 플로 등이 되므로 이것을 기준으로 목차를 잡으면 된다. 갔던 길을 돌아가거나 빙 둘러간 루트는 최종 루트 다음에 문제해결이나 팁으로 정리해 덧붙인다.

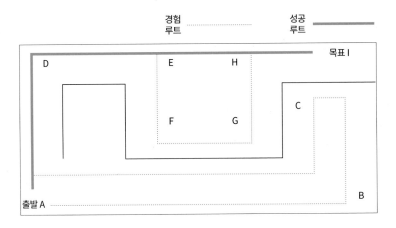

- 경험 루트: A → B → C → D → E → F → G → H → I

- 최종 루드: A → D → I

- 문제해결/팁 루트: A → B → C → A, E → F → G → H

예를 들어 보자. 다음은 네이버 기술 블로그에 올라온 "TensorFlow를 활용한 네이버쇼핑의 상품 카테고리 자동 분류"의 목차다. 여기서 4장을 보면, 카테고리 자동 매칭 모델을 6가지 단계로 나눠 설명한다. 이 모델이 성공한 최종 루트다. 그 과정에서 실패하거나 고생했던 루트는 5장에 4가지로 모아 정리했다. 더불어 최종 루트가 100% 완벽한 루트는 아니므로 6장에서 남은 작업이라는 이름으로 아직 풀지 못한 문제를 덧붙였다.

1. 네이버쇼핑과 상품 카테고리

2. 카테고리 자동 매칭의 필요성

3. 카테고리 자동 매칭 시스템 아키텍처

4. 카테고리 자동 매칭 모델

　가. Find Product's feature

　나. Morphology Analysis

　다. Word Embedding

　라. CNN-LSTM Model - Product Name

　마. MobileNetV2 - Product Image

　바. Multi Input Model - Product Misc. Information

5. 카테고리 자동 매칭에서 발견된 문제와 해결 방법

　가. Feature Visualization

　나. Data Normalization

　다. Reflecting trends

　라. Training Data Pipeline

6. 남은 작업

　가. 분류가 모호한 카테고리

　나. 업체에서 유입되는 오류 정보

7. 마치며

개인적으로 여러 기업의 기술 블로그 중에서 네이버 기술 블로그가 가장 체계적으로 잘 쓰였다고 생각한다. 네이버 개발자가 쓴 글을 국내에서 가장 실력 있는 테크니컬 라이터가 다듬어서 공개하기 때문이다. 개발기를 쓰려는 사람이라면 처음부터 모범이 되는 글의 목차를 먼저 보는 것이 좋다. 앞 예문의 목차를 정리하면 다음과 같다.

1. 머리말

   가. 서비스 설명

   나. 개발의 필요성

2. 본문

   가. 아키텍처나 알고리즘

   나. 개발 모델(최종 루트)

   다. 개발 과정에서 발견한 문제와 해결 방법(경험 루트)

   라. 남은 작업

3. 맺음말

   가. 소감이나 회고

여기서 팁을 하나 주려고 하는데, 위와 같이 목차를 정리했다면 무엇부터 먼저 쓸까? 머리말? 본문? 아니면 맺음말?

보통 글을 쓸 때는 처음부터 쓰려고 한다. 개발자도 당연히 머리말부터 써야한다고 여길 것이다. 하지만 개발자가 가장 쓰기 어려운 것이 바로 머리말이다. 머리말에 해당하는 서비스 설명과 개발의 필요성 같은 글은 개발자에게 익숙한 글이 아니다. 이런 글은 주로 기획자나 관리자가 잘 쓴다. 그래서 머리말부터 쓰기 시작하면 한 단락도 못 나가고 쩔쩔매기 일쑤다.

개발자가 가장 잘 쓸 수 있는 내용은 본문이다. 목차를 정했으면 머리말부터 쓰지 말고 본문부터 쓰자. 게다가 개발이 완료되면 아키텍처나 알고리즘, 모델이나 플로 같은 것이 산출물로 나오기 때문에 그런 이미지를 먼저 붙여넣고 글을 쓰면 단번에 몇 단락을 쓸 수 있다. 그렇게 해서 본문을 쓰고 나면 맺음말을 쓰자. 머리말은 맨 마지막에 블로그에 올릴 때 생각나는 대로 간략히 적는 것이 좋다.

술述: 원전을 비교하고 실험해 풀이해서 쓰자

술述은 어떤 것을 분석해 의미를 풀이하고 해석한 것이다. 인문학에서 술은 경전을 해설한 글을 말한다. 성경이나 불경, 성인의 말씀을 풀이한 책이 모두 술에 해당한다. 우리가 서점에서 사서 읽는 논어 같은 인문학 도서는 거의 술이다.

개발에서 술은 새로운 기술을 자세하게 또는 비유해 설명한 것, 비슷한 용어를 비교해 풀이한 것, 에러 해결 방법 등이 여기에 해당한다. 예를 들면 다음과 같은 글이 술에 해당한다.

- GET과 POST의 차이
- MySQL Ascending index vs. Descending index
- Webpack 4의 Tree Shaking에 대한 이해
- MySQL 1175 에러 해결 방안

인문학에 경전이 있는 것처럼 개발에도 원전, 즉 원서나 원문, 프로토콜이나 레퍼런스가 있다. 그래서 술에 해당하는 기술 블로그를 쓸 때는 본래 내용을 바탕으로 자기 생각이나 분석, 해설을 덧붙이는 방식을 쓰는 게 좋다. 예를 들어 웹 개발에서 주로 사용하는 GET과 POST 메소드의 차이를 설명한다고 해보자.

우선 이 메소드를 설명하려면 원전이 되는 HTTP/1.1 프로토콜(https://tools.ietf.org/html/rfc2616)에서 시작해야 한다. 이 프로토콜에서 HTTP 메소드는 GET과 POST뿐 아니라 HEAD, PUT, DELETE, TRACE, CONNECT를 포함해 7가지 메소드를 하나씩 설명한다. 그런데 개발자 대부분은 이 문서를 잘 읽지 않는다. 영어로 적혀 있어서 일일이 해석해서 읽기도 부담스러울뿐더러 실제로 자주 사용하는 메소드는 GET과 POST뿐이니 나머지까지 다 읽을 필요도 없어서다. 그래서 보통 GET 방식과 POST 방식이 있다고만 이해하고 실제 개발에서 GET이나 POST를 사용한다.

문제는 GET을 사용해야 할 때가 있고 POST를 사용해야 할 때가 있는데 이 두 가지의 차이를 잘 몰라서 GET을 쓸 때 POST를 쓰거나 POST를 쓸 때 GET을 쓰는 실수를 한다는 것이다. 그 이유는 HTTP 프로토콜 문서에 GET 과 POST의 차이를 설명하는 내용이 없기 때문이다.

사람은 어떤 사물을 그 자체로 인식하기보다는 다른 사물과 비교하면서 인식 할 때 더 잘 이해한다. 하지만 원전은 사물 하나하나를 설명할 뿐이지 두 사물 사이의 공통점이나 다른 점을 뚜렷이 밝히지는 않는다. 그래서 원전의 두 용 어나 대상을 비교하면서 풀이하는 것이 바로 술의 역할이다. 즉, HTTP 프로 토콜에 나온 GET과 POST의 설명을 토대로 두 메소드를 비교하면 자연스럽 게 글을 쓸 수 있다. 박시홍 님이 쓴 "GET과 POST의 차이 (https://hongsii. github.io/2017/08/02/what-is-the-difference-get-and-post/)"를 보 면서 알아보자.

GET과 POST의 차이

【HTTP】

HTTP는 웹상에서 클라이언트와 서버 간에 요청/응답으로 데이터를 주고받을 수 있는 프로토콜입니다. 클라이언트가 HTTP 프로토콜을 통해 서버에게 요청을 보내면 서버는 요청에 맞는 응답을 클라이언트에게 전송합니다. 이때, HTTP 요청에 포함되는 HTTP 메 소드는 서버가 요청을 수행하기 위해 해야 할 행동을 표시하는 용도로 사용합니다. 이 HTTP 메소드 중 GET과 POST의 특징과 차이점을 알아보겠습니다.

【GET】

HTTP/1.1 스펙인 RFC2616의 Section9.3에 따르면 GET은 서버로부터 정보를 조회하기 위해 설계된 메소드입니다.

GET은 요청을 전송할 때 필요한 데이터를 Body에 담지 않고, 쿼리스트링을 통해 전송 합니다.

…

【POST】

POST는 리소스를 생성/변경하기 위해 설계되었기 때문에 GET과 달리 전송해야 될 데이터를 HTTP 메시지의 Body에 담아서 전송합니다. HTTP 메시지의 Body는 길이의 제한 없이 데이터를 전송할 수 있습니다. 그래서 POST 요청은 GET과 달리 대용량 데이터를 전송할 수 있습니다.

···

【GET과 POST의 차이】

GET은 Idempotent, POST는 Non-idempotent하게 설계되었습니다....

여기서 GET이 Idempotent하도록 설계되었다는 것은 GET으로 서버에게 동일한 요청을 여러 번 전송하더라도 동일한 응답이 돌아와야 한다는 것을 의미합니다. 이에 따라 GET은 설계 원칙에 따라 서버의 데이터나 상태를 변경시키지 않아야 Idempotent하기 때문에 주로 조회를 할 때에 사용해야 합니다. 예를 들어, 브라우저에서 웹페이지를 열어보거나 게시글을 읽는 등 조회를 하는 행위는 GET으로 요청하게 됩니다.

반대로 POST는 Non-idempotent하기 때문에 서버에게 동일한 요청을 여러 번 전송해도 응답은 항상 다를 수 있습니다. 이에 따라 POST는 서버의 상태나 데이터를 변경시킬 때 사용됩니다. 게시글을 쓰면 서버에 게시글이 저장이 되고, 게시글을 삭제하면 해당 데이터가 없어지는 등 POST로 요청을 하게 되면 서버의 무언가는 변경되도록 사용됩니다.

···

GET과 POST는 이처럼 큰 차이가 있기 때문에 설계 원칙에 따라 적절한 용도로 사용해야 합니다.

【참고】

RFC2616: HTTP/1.1 (https://tools.ietf.org/html/rfc2616)

위키백과: 멱등법칙 (https://ko.wikipedia.org/wiki/멱등법칙)

우선 예문의 목차를 보자. 목차는 다음과 같이 5개로 구성되어 있다.

1. HTTP

2. GET

3. POST

4. GET과 POST 차이

5. 참고

1장 HTTP에서는 GET과 POST의 상위 범주인 HTTP 프로토콜과 메소드를 설명한다. 그다음에 GET과 POST를 각각 설명하는데, 이 내용은 원전인 HTTP 프로토콜(HTTP/1.1 RFC2616)을 참조한다. 그다음 4장 GET과 POST 차이에서 두 메소드의 차이를 풀이하고, 마지막 5장에서는 참고할 원전과 용어를 링크했다.

이 목차를 잘 보면 실제로 개발자가 쓴 글은 4장뿐이다. 나머지는 참조한 HTTP 프로토콜 문서의 내용을 정리한 것뿐이다. 이렇게 원전의 내용을 먼저 쓰고 비교한 내용을 추가하는 것만으로 기술 블로그를 쉽게 쓸 수 있다.

위 예시는 개발자가 자기 생각을 이론적으로 펼친 것이다. 그런데 원전의 내용을 직접 실험해 비교한 뒤 그 내용을 정리해 풀이할 수도 있다. 실제로 기업에서는 서비스 성능을 높이기 위해 여러 가지 실험을 많이 하므로 그 결과를 잘 정리하기만 해도 좋은 글이 된다.

예를 들어, 카카오 기술 블로그에 올라온 "MySQL Ascending index vs Descending index(http://tech.kakao.com/2018/06/19/AscendingAndDescendingIndex/)"를 보자. 이 글은 데이터베이스에서 인덱스를 사용할 때 정렬 순서에 관한 두 가지 방법, 즉 Ascending^{오름차순}과 Descending^{내림차순}에서 어떤 방법이 더 성능을 향상시키는지 직접 실험한 결과를 쓴 것이다.

특히 이 글의 목차를 꼭 읽어보자. 개발자의 기술 블로그는 어떤 경우에도 모두 통용되는 완벽한 답이나 공식을 낼 수 없다. 단지 특정 상황에 적합한 방법을 찾아내고 추천할 뿐이다. 즉, 기술 블로그를 쓰는 개발자는 '경전'을 쓰는 사람이 아니라 경전을 자기 방식으로 풀이하는 사람이다. 옳고 그름의 문제가 아니라 특정 상황에서 이렇게 하는 것이 낫다는 정도로만 쓴다고 생각하면 부담이 덜할 것이다.

MySQL Ascending index vs Descending index

【용어 정리】

이 설명에서는 인덱스의 정렬 순서와 데이터 읽기 순서 등 방향에 대한 단어들이 혼재하면서 여러 가지 혼란을 초래하기 쉬운 설명이 있을 것으로 보인다.

⋯

- Ascending index: 작은 값의 인덱스 키가 B-Tree의 왼쪽으로 정렬된 인덱스
- Descending index: 큰 값의 인덱스 키가 B-Tree의 왼쪽으로 정렬된 인덱스

⋯

【Descending index 지원】

MySQL 4.x 버전부터 Feature Request로 등록되어 있던 "Descending index" 기능이 드디어 MySQL 8.0에 도입되었다.

⋯

【Descending index를 사용해야 하는 또 다른 이유】

MySQL 8.0 이전 버전을 사용하면서 역순 정렬이 필요한 경우에는 크게 성능에 대한 고려 없이 지금까지 Ascending index를 생성하고 "ORDER BY index_column DESC" 쿼리로 인덱스를 Backward scan으로 읽는 실행 계획을 사용해왔다. 이제 Ascending index를 Forward scan하는 경우와 Backward scan하는 경우의 성능 비교를 간단히 예제로 한번 살펴보자.

⋯

· · ·

실제 InnoDB에서 Backward index scan이 Forward index scan에 비해서 느릴 수밖에 없는 2가지 이유를 가지고 있다.

1. 페이지 잠금이 Forward index scan에 적합한 구조
2. 페이지 내에서 인덱스 레코드는 단방향으로만 연결된 구조

· · ·

【Backward index scan의 서비스 영향도】

이로써 Backward index scan이 Forward index scan보다 느린 이유를 알게 되었다. 그렇다면 실제 Backward index scan을 사용하면 서비스가 엄청나게 느려지는 것일 까? Forward index scan과 Backward index scan의 실제 서비스 영향도는 일반적으 로 그렇게 크지 않았다. 아주 랜덤한 키 값으로 검색해서 Index range scan을 실행하는 경우 대략 아래 그래프와 같이 10% 정도의 쿼리 스루풋 차이를 보였으며, CPU 사용량의 차이는 미미했다 (Test thread를 16개 정도로 안정적인 쿼리 처리가 가능한 상황에서의 테스트 결과).

· · ·

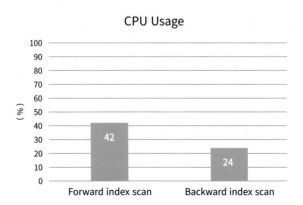

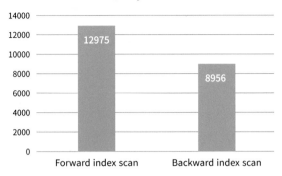

Query / sec

【Ascending vs Descending index의 선택 기준】

일반적으로 인덱스를 ORDER BY ... DESC하는 쿼리가 소량의 레코드를 드물게 실행되는 경우라면, Descending index를 굳이 고려할 필요는 없어 보인다.

...

03
글의 종류별로 목차 잡는 법 II - 편집

편編: 순서를 요약하여 쓰자

편編은 산만하고 복잡한 자료를 편집해 질서를 부여한 것이다. 우리나라 역사 교과서를 집필하는 곳이 국사편찬위원회인데, 여기서도 '편'이라는 글자를 사용한다. 그 이유는 역사를 고대사부터 현대사까지 시간 순서로 설명하기 때문이다. 그래서 보통 편은 시간 순서로 일어난 일이나 해야 할 일을 쓴 것을 통칭하기도 한다. 프로그램 설치나 설정 순서, 개발 방법, 튜토리얼, 개발자 컨퍼런스 후기 같은 것이 여기에 해당한다.

- 사용하면서 알게 된 Reactor, 예제 코드로 살펴보기
- ES2015 단위 테스트 환경 구축하기
- 간단하게 구축해 보는 JavaScript 개발 환경
- LocalStack을 활용한 Integration Test 환경 만들기
- Ubuntu의 apt-get 명령어 정리

편을 쓰는 방법은 저술보다 쉽다. 시간 순서로 하나씩 나열해 내용을 쓴 다음, 단계로 묶어서 요약하기만 하면 글이 완성되기 때문이다.

서울 강남에서 벗어난 적 없는 사람에게 기차를 타고 부산 해운대에 가는 길을 알려준다고 해보자. 그러면 보통 다음과 같이 말할 것이다.

- 가까운 지하철로 간다.

- 지하철 2호선을 타고 사당역으로 간다.

- 4호선으로 갈아타고 서울역으로 간다.

- 부산KTX역으로 가는 KTX 기차표를 끊는다.

- 해당 플랫폼에 가서 기차를 탄다.

- 부산KTX역에서 내린다.

- 부산KTX역 앞에서 지하철 1호선을 타고 서면역으로 간다.

- 2호선으로 갈아타고 해운대역으로 간다.

- 해운대역에 도착해서 5번 출구로 나온다.

- 500미터 전방으로 걸어가면 해운대 바다가 나온다.

자, 일단은 이렇게 글을 쓰면 된다. 목차를 이렇게 정한 뒤 세부 내용을 자세히 적으면 글쓰기는 일단락된다.

하지만 편은 여기에 단계를 더함으로써 좀 더 질서 있게 보여주는 방식이다. 할 일을 순서대로 하나씩 얘기하는 것이 아니라 적정한 단계로 나눠서 설명하는 것이 편이다. 해운대 가는 길을 다음과 같이 단계로 나눠서 설명하면 이것이 곧 목차가 된다.

1. 강남에서 서울KTX역으로 가기

    가. 가까운 지하철로 간다.

    나. 지하철 2호선을 타고 사당역으로 간다.

    다. 4호선으로 갈아타고 서울역으로 간다.

2. KTX를 타고 부산으로 가기

    가. 부산KTX역으로 가는 KTX 기차표를 끊는다.

나. 해당 플랫폼에 가서 기차를 탄다.

다. 부산KTX역에서 내린다.

3. 부산KTX역에서 해운대로 가기

가. 부산KTX역 앞에서 지하철 1호선을 타고 서면역으로 간다.

나. 2호선으로 갈아타고 해운대역으로 간다.

다. 해운대역에 도착해서 5번 출구로 나온다.

라. 500미터 전방으로 걸어가면 해운대 바다가 나온다.

이제 실제 예를 보자. 다음은 네이버 기술 블로그에 올라온 "간단하게 구축해
보는 JavaScript 개발 환경(https://d2.naver.com/helloworld/2564557)"
의 목차 중에서 H3 태그를 적용한 것만 나열한 것이다. H1 태그는 제목이다.

- Git 저장소 만들기

- GitHub에 이슈 등록하기

- Node.js와 npm, Yarn

- Node.js와 Yarn 설치

- 프로젝트 생성

- package.json 파일과 패키지 관리

- yarn.lock 파일과 패키지 일관성

- 프로젝트 공유

- README.md 파일 활용

- 테스트 코드 작성

- Jest 설치

- 구현 코드 작성

- 테스트를 통한 구현 코드 수정

- 테스트 환경 공유

- Travis CI를 활용한 테스트 자동화

- 애플리케이션의 설정 정보 관리

- Node.js 버전 유지

글을 쓸 때는 한 일을 먼저 시간 순서로 적은 다음, 내용을 다 적는다. 그런데 이렇게만 쓰면 한 일을 장황하게 나열한 것뿐이므로 글의 완성도가 떨어진다. 그래서 단계를 만들어서 묶은 뒤 하위 내용을 간략히 요약한다. 그리고 H2 태그를 적용하면 국사 교과서처럼 질서가 잡힌다. 다음은 H2 단계와 H3 내용을 합친 목차다.

1. Git과 GitHub를 활용한 협업 공간으로 개발 시작하기

   가. Git 저장소 만들기

   나. GitHub에 이슈 등록하기

2. Node.js와 Yarn으로 개발 환경 설정하기

   가. Node.js와 npm, Yarn

   나. Node.js와 Yarn 설치

   다. 프로젝트 생성

   라. package.json 파일과 패키지 관리

   마. yarn.lock 파일과 패키지 일관성

   바. 프로젝트 공유

   사. README.md 파일 활용

3. Jest로 테스트 환경 설정하기

   가. 테스트 코드 작성

   나. Jest 설치

   다. 구현 코드 작성

   라. 테스트를 통한 구현 코드 수정

   마. 테스트 환경 공유

4. Travis CI를 활용해 리뷰 환경 개선하기

   가. Travis CI를 활용한 테스트 자동화

   나. 애플리케이션의 설정 정보 관리

   다. Node.js 버전 유지

5. 마치며

글쓰기에 능숙한 개발자라면 처음부터 H2, H3, H4에 해당하는 목차를 다 정해놓고 쓸 수 있다. 하지만 글쓰기에 능숙하지 않은 개발자가 처음부터 전체 내용을 구조화해 목차로 잡은 뒤 글을 순서대로 써내려가기는 쉽지 않다. 그러니 처음에는 일단 구조를 생각하지 말고 본인이 한 일을 쭉 나열하고 그 내용부터 쓰자. 그다음에 내용을 단계로 묶은 뒤 각 단계에 속한 내용을 요약하자. 이렇게 써야 글쓰기 진도가 나간다.

집輯: 글쓰기가 두렵다면 자료를 모아 핵심을 엮어서 쓰자

집輯은 여러 사람의 견해나 흩어진 자료를 한데 모아 정리하는 것이다. 자료가 아니라 비슷한 여러 책을 한데 모아 출간한 것을 전집全集이라고 하는데, 이때 '집集'은 단순히 여러 책을 모은 것이고, 지금 얘기하는 '집輯'은 자료를 모아 하나의 책으로 엮은 것을 뜻한다.

집은 여러 자료를 책 한 권에 모은 것이니 내용을 이것저것 아무렇게나 다 집 어넣을 수가 없다. 그래서 자료나 견해에서 요점이 되는 것만 모아야 하는데, 그렇게 해서 쓴 책을 집요^{輯要}라고 한다. 우리가 잘 아는 집요로는 율곡 이이의 성학집요, 이암이 중국 원나라에서 들여온 농상집요 등이 있다.

집은 내용을 많이 쓰는 것이 아니라 핵심만 간결하게 정리한 것이다. 그래서 글 전체가 길지 않고 내용이 각각 나열되어 있다. 기술 블로그에서는 명령어 모음, 팁, OO가지 규칙 같은 것이 집에 해당한다.

- 자바스크립트 정규표현식 코딩팁

- 스크롤과 관련된 CSS 속성 3가지

- 좋은 코딩을 위한 13가지 간단한 규칙

- 데이터 사이언스 인터뷰 질문 모음집

집이라고 해서 반드시 여러 사람의 견해나 자료를 모아야만 하는 것은 아니다. 본인이 경험에서 터득한 것을 핵심만 정리해서 나열해도 좋은 집이 될 수 있다. 예를 들어 "13 Simple Rules for Good Coding (https://hackernoon.com/few-simple-rules-for-good-coding-my-15-years-experience-96cb29d4acd9)"를 보자. 이 글은 서두에도 나오지만 15년간 개발하면서 본인이 터득한 것을 한 꼭지당 서너 문장으로 아주 간단히 나열했다(13번째 꼭지는 한 문장이다).

Hi guys, i work as a programmer more than 15 years and was using many different languages, paradigms, frameworks and other shit. And i want to share with you my rules of writing good code.

【1. Optimization VS Readability. Fuck the optimization.】

　　…

【2. Architecture first.】

...

【3. Test coverage.】

...

【4. Keep It Simple, Stupid.】

...

【5. Comments.】

...

【6. Hard coupled VS Less Coupled.】

...

【12. Go out, get hobbies.】

...

【13. Learn new things as you get free time.】

When people stop learning they start to degrade.

I'll be very grateful if you can share in comments your ideas and practices about writing good code.

기술 블로그를 처음 쓰는 개발자라면 가장 쉽게 도전할 수 있는 글이 바로 집이고 그다음은 편이다. 즉 편집 글이다. 본인이 이미 알고 있거나 쉽게 찾을 수 있는 자료를 모아서 나열하거나 일정한 순서와 단계로 엮기만 하면 된다.

이런 글은 조회수도 높다. 블로그를 운영하는 개발자들은 통계 프로그램을 직접 돌리기도 하고 분석도 한다. 그 결과를 보면 조회수가 높은 글은 대부분 편집글이다. 사람들은 'OO를 위한 O가지 팁', 'OO 언어의 자주 쓰이는 명령어 O가지', 'OO를 개발하기 전에 알아야 할 베스트 5' 같은 글을 많이 읽는다. 초보 개발자가 고수 개발자보다 훨씬 많고 블로그 검색도 많이 하기 때문이다. 힘들여 글을 써서 블로그에 올렸는데 사람들이 많이 읽지 않으면 글을 계속 쓸 힘이 사라진다. 일단 사람들이 많이 읽는 글을 쓰면서 점점 어려운 소재를 다루는 것이 좋다.

개발 경험을 다룬 저술은 쓰기가 무척 어렵다. 자세히 쓰면 지루하고 간단히 쓰면 무슨 말인지 이해할 수 없어서 쓰기가 어려운 글이 개발기다. 하지만 개발기는 개발자의 수준을 보여준다. 유명 IT기업의 기술 블로그에는 개발기가 많이 올라온다. 이런 글을 통해 개발자 수준이 높고, 기업의 기술 수준이 높다는 것을 보여준다. 글을 좀 써 본 개발자라면 개발기에 도전하는 것을 권장한다.

04
기업의 기술 블로그 운영 팁

기술 블로그는 회사의 가치를 높인다

개발자가 아니더라도 직장인이 회사의 공개 SNS에 글을 써서 올린다는 것은 결코 만만한 일이 아니다. 마치 공공기관이 보도자료를 써서 언론사에 배포하는 것과 비슷하다. 괜히 잘못 써서 욕 먹지 않을까 하는 두려움이 앞선다. 그래서 IT 기업은 수십 만 개가 있어도 제대로 된 기술 블로그는 손에 꼽을 정도다.

대기업은 보도자료를 쓰는 PR팀이 따로 있다. 공공기관에는 대변인제도가 있어서 현업의 보도자료를 검수한다. 이와 마찬가지로 IT기업에도 테크니컬 라이터가 있어서 개발자의 글을 검수하거나 수정하거나 보완한다. 하지만 개발자의 글을 완벽히 이해해야 하므로 실제로는 거의 대필하듯이 수정한다. 그렇게 테크니컬 라이터가 개발자의 대필가처럼 되다 보니 테크니컬 라이터가 수적으로 많아지지 못했다. 현재 몇몇 IT 대기업에 테크니컬 라이터가 한두 명 활동하는 것이 전부다.

반면 기술 블로그를 운영하려는 기업은 스타트업을 중심으로 점점 늘어나는데, 여기에는 3가지 이유가 있다.

첫째, 채용 직무에 적합하면서 개발 능력이 우수한 개발자 채용에 도움을 준다. 기술 블로그가 활성화되면 자연스럽게 개발자들이 그 기업에 관심을 가진다. 특히 기술 블로그를 운영할 정도라면 그 회사의 개발자 수준이 높다는 뜻이다. 수준이 높은 개발자일수록 개발 수준이 높은 회사에 취업하고 싶은 건 당연하다. 또한 블로그를 통해 취업하고자 하는 회사가 구체적으로 어떤 개발을 하고 어떤 식으로 개발하고 어떤 문화를 가졌는지 알 수 있다. 그래서 구직자가 자기에게 적합한 회사인지 판단할 수 있다.

둘째, 개발 과정에서 생긴 노하우를 체계적으로 축적할 수 있다. 스타트업은 사내에 문서 관리 체계가 미흡할 수밖에 없다. 그러니 개발 산출물이나 개발 과정에서 얻은 노하우를 정리할 곳이 마땅찮고, 동료나 선후임에게 전달할 방법도 딱히 없다. 이때 기술 블로그를 운영하면 자연스럽게 개발 과정과 결과, 노하우를 축적할 수 있다.

셋째, 개발자가 스스로 공부하게 만든다. 기술 블로그에 글을 써서 올리려면 지식을 체계화하는 과정이 필요하다. 이 과정에서 개발자는 모르는 것을 찾아내서 알아내고 아는 것을 재확인한다. 그러면서 자연스럽게 새로운 기술을 더 빨리 익히고 문제를 해결하는 노하우를 기른다. 이것은 곧 회사의 개발 수준을 높여서 개발자의 생산성이 향상된다. 개발자 스스로도 자신의 몸값을 높일 기회가 된다.

기술 블로그도 투자를 해야 살아난다

몇몇 유명 IT기업을 빼면 많은 기업의 기술 블로그가 그다지 활성화되어 있지 않다. 블로그를 개발자에게 덜렁 맡겨 놓고 투자는 안 했기 때문이다. 기업이 투자를 안 하니 방문자가 없고, 방문자가 없으니 글을 읽는 사람도 없고, 글을 읽는 사람이 없으니 글에 반응하는 사람은 더더욱 없다. 그러면 어떤 개발자라도 공들여 글을 써서 기술 블로그에 올리고 싶어 하지 않는다. 이렇게 악순환에 빠지면 기업의 기술 블로그는 유명무실해져서 개발자들에게 오히려 안좋은 이미지만 남긴다.

이런 문제를 해결하려면 기업의 기술 블로그를 광고 매체로 생각해야 한다. 광고 매체에 광고비를 집행하듯이 기술 블로그에도 광고비를 들여야 한다. 타깃 독자에게 홍보하고 검색엔진에 잘 검색되게 하고 최신 트렌드를 추적해 태그를 달아야 한다. 기술 블로그 운영자가 이런 일을 제대로 열심히 할 수 있도록 필요한 비용을 투자해야 한다.

회사가 기술 블로그 홍보에 투자하지 않고 개발자의 노력만으로 효과를 보려고 한다면 백발백중 실패한다. 어설프게 시작해서 방문자는 없는데 개발자만 쪼아서 겨우 명맥만 유지하는 기술 블로그라면 애초에 시작하지 않는 것이 좋다.

개발자의 글쓰기는 회사의 문화를 반영한다

기업의 기술 블로그는 개인 블로그와 달리 어느 정도 기본 체계를 갖춰야 하고 일정한 수준이 보장돼야 한다. 기자가 자신의 개인 블로그에 글을 쓸 때는 육하원칙이나 두괄식 구성을 지키지 않지만, 신문에 기사를 올릴 때는 이 원칙을 지킨다. 신문사가 정한 기사 작성 원칙과 기준을 엄격히 지켜야 하기 때문이다.

신문사의 기사 작성 원칙처럼 기업의 기술 블로그에도 글을 작성하는 원칙과 수준이 있다. 블로그 담당 임원이 은연중에 정하기도 하고(게시 여부를 결정하면서 저절로 기준이 마련된다) 이전에 인기 있었던 글이 기준이 되어 자연스럽게 형식과 문체가 정해지기도 한다.

단적으로 비교할 수 있는 것이 네이버와 우아한형제들의 기술 블로그다.

네이버 기술 블로그(https://d2.naver.com/home)는 정형화한 구성과 논문 제목 같은 목차, 세련된 문체와 간결한 표현을 보여준다. 그래서 약간은 건조하고 딱딱한 느낌이 든다. 예를 들어 네이버 기술 블로그에 올라온 "딥러닝을 활용한 거래량 예측 기능 개선(https://d2.naver.com/helloworld/0065813)"이라는 글을 보자.

네이버페이의 카드 결제 시스템에서는 사용자의 거래량을 예측하고 평소와 다른 문제 상황을 감지해 알림을 보내는 모니터링 시스템을 운영합니다. Facebook의 Prophet 라이브러리를 사용한 기존의 모니터링 시스템은 실제 서비스에 적용했을 때 성능과 정확도에서 불만족스러운 부분이 많았습니다. 새로운 모니터링 시스템에서는 딥러닝을 활용해 거래량 예측 기능을 개선했습니다.

이 글에서는 기존 모니터링 시스템의 한계를 살펴보고 새로운 모니터링 시스템에 어떻게 딥러닝을 활용했는지 간략하게 설명하겠습니다.

【결제 시스템 모니터링과 거래량 예측 기능】

온라인 결제 시스템을 모니터링하면 사용자들의 결제 요청량이 시간과 날짜에 따라 규칙적으로 변한다는 것을 알 수 있다. 예를 들어 사람들이 잠드는 새벽 시간대에는 결제 요청량이 줄어들고, 깨어나서 활동하는 시간대에는 결제 요청량이 많아진다. 이런 규칙적인 요청과 다른 패턴의 결제 요청이 발견된다면 문제가 있는 상황이라고 예상할 수 있다.

　　…

【Prophet 라이브러리를 사용한 거래량 예측의 한계】

　　…

【딥러닝을 활용한 거래량 예측】

　　…

【딥러닝을 활용한 거래량 예측 기능의 구현 방법】

　　…

【마치며】

　　…

딥러닝에도 여러 가지 종류가 있다. 이 글에서 사용한 Keras는 딥러닝을 사용하기 쉽게 만든 라이브러리다. 아직 딥러닝을 사용해 보지 않았다면 이런 라이브러리를 사용해 재미있는 서비스를 만들어 보기를 기대한다.

우아한형제들 기술 블로그(http://woowabros.github.io)는 주말 밤에 야근하는 개발자들끼리 대화하듯이 자연스러운 표현과 실감 나는 구성, 자극적인 제목과 제약 없는 묘사가 두드러진다. 그래서 약간은 비전문적이면서 글을 대충 쓴다는 느낌도 든다.

예를 들어 우아한형제들 기술 블로그에 올라온 "응? 이게 왜 롤백 되는 거지?(http://woowabros.github.io/experience/2019/01/29/exception-in-transaction.html)"라는 글을 보자. 이 글의 부제목은 "속지 말아야 할 스프링의 숨은 디폴트값"이다.

이 글은 얼마 전 에러 로그 하나에 대한 호기심과 의문으로 시작해서 스프링의 트랜잭션 내에서 예외가 어떻게 처리되는지를 이해하기 위해 삽질을 해본 경험을 토대로 쓰여졌습니다. 스프링의 트랜잭션의 세부적인 동작방식을 살펴보기 때문에 코드가 많고 설명이 조금 긴 편입니다. 상황재현과 테스트를 위해 작성한 코드는 github에 있습니다. 테스트에 사용한 버전은 SpringBoot 2.1.2, MySQL 5.7입니다.

【때는 지난 12월의 어느날】

beta 서버에서 에러 로그가 계속 쌓이고 있었습니다. 팀 동료 한 분과 함께 살펴보니, 데이터가 잘 못 들어오면 던지는 예외의 문자열이었고 원인도 쉽게 찾을 수 있었습니다. 그리고 이 예외는 메서드를 호출한 메서드에서 잡아서(try/catch) 에러 로그를 남긴 후에 필요한 데이터는 기본값으로 대신 전달되도록 작성되어 있었습니다. 스프링의 선언적 트랜잭션(@Transactional) 안에서 잡은 예외이기 때문에 당연히 롤백 없이 커밋되어야 하죠. 그런데 웬걸! 그 바로 아래에 롤백 예외가 보란듯이 로그에 연달아 나오고 있었습니다!

【재현되는 롤백현상】

　‧‧‧

【사건의 현장 속으로】

　‧‧‧

【범인의 최후 변론】

그러면 왜 그런 결정이 내려진 것일까요. 누구에게나 사연은 있는 거겠죠. 아래는 globa lRollbackOnParticipationFailure 속성에 대해 주석으로 설명해 놓은 것을 번역해본 것입니다. 오역이 있을 수 있습니다.

　‧‧‧

【그런데 말입니다】

이 글을 위해 테스트를 열심히 만들던 늦은 저녁에 한 분이 제가 하고 있는 걸 보시더니 이런 질문을 하십니다.

"그런데, 트랜잭션 안에서 RuntimeException은 왜 잡으려고 했나요?"

한참 코드 깊숙이 들어가서 코드로 머리가 꽉 찬 상태인 저의 머리를 갑자기 텅 비게 만드는 질문…

　‧‧‧

오늘도 BROS의 에러 로그 박멸작업은 계속됩니다…FOREVER…

~~그런데 정작 CheckedException은 테스트를 안 만들었네~~…

목차와 내용을 보면 네이버나 카카오의 기술 블로그 스타일과 완전히 다르다는 것을 알 수 있다. 이것은 확실히 기업 문화의 차이에서 기인한다. 네이버와 우아한형제들의 기업 문화의 차이가 기술 블로그의 문체나 구성에도 그대로 적용되는 것이다.

따라서 개발자의 글쓰기 원칙이나 수준을 정하기 전에 회사의 글쓰기 문화를 먼저 정의해야 한다. 회사의 글쓰기 문화가 없다면 그것부터 먼저 정해야 개발자들이 글을 어떻게 쓸지 알 수 있다. 개발언어가 프로그램보다 먼저인 것처럼, 회사의 문화가 개발자의 글쓰기보다 먼저다.

협업해서 글쓰기, 짝 글쓰기를 해보자

기술 블로그는 개발자가 쓰지만 글을 개발자 혼자 쓰는 것이 당연한 것은 아니다. 개발에서 짝 프로그램^{Pair Programming}이 있듯이 글쓰기에도 짝 글쓰기^{Pair Writing}가 있다. 두 명이 글 하나를 같이 쓰는 방식이다.

짝 글쓰기로 쓴 글을 기술 블로그에 올리면 다음과 같은 좋은 점이 있다.

첫째, 글의 완성도가 높아진다. 두 명이 글 하나를 쓰면 서로가 독자 역할을 한다. 그러면 독자 관점에서 질문하게 되고 그 질문에 답을 하다 보면 글의 완성도가 높아진다.

둘째, 지식을 보편화할 수 있다. 혼자 글을 쓰면 자기만의 지식 체계가 만들어진다. 하지만 둘이 같이 글을 쓰면 두 사람의 공통된 지식 체계를 만들 수 있다. 이 지식 체계는 혼자 만든 것보다 훨씬 보편적이어서 사내 다른 개발자에게 쉽게 전파할 수 있다.

셋째, 팀 회고를 할 수 있다. 개발 과정이나 결과를 글로 쓰면서 자연스럽게 회고를 하게 된다. 혼자 쓰면 혼자 회고하지만 둘이 같이 쓰면 자연스럽게 팀 회고가 된다.

넷째, 심리적 안정감을 느낀다. 글을 혼자 쓸 때는 글의 수준이나 내용이 적절한지 혼자 판단해야 해서 중압감이 크지만, 둘이 같이 글을 쓰면 글쓰기에 대한 부담이 한결 가벼워진다.

이밖에도 팀워크나 소통이 향상되는 등 좋은 점이 있다. 그렇다면 구체적으로 어떻게 짝 글쓰기를 할까 궁금할 것이다. 바로 짝 프로그래밍에서 쓰는 방법을 사용하면 된다.

- Driver & Navigator: 한 명은 글을 쓰고[Driver] 다른 한 명은 글을 검토[Navigator]하는 방식이다. 짝 프로그래밍은 개발자 두 명이 하지만, 짝 글쓰기는 두 명 모두 반드시 개발자일 필요가 없다. 개발자와 기획자, 개발자와 마케터가 같이 해도 된다. Writer & Reader로 바꿔 말해도 좋다.

- Coder & Adviser: 한 명은 글을 쓰고[Coder] 다른 한 명은 조언[Adviser]하는 방식이다. 조언자는 글쓰기 수준이 비교적 높은 사람이 하는 것이 좋다. 테크니컬 라이터나 개발자 글쓰기 전문강사의 첨삭지도를 받으면서 글을 써 보는 것도 개발자에게는 좋은 경험이다.

- Verbalizer & Listener: 글을 쓰고 난 뒤 한 명은 글을 읽고[Verbalizer] 다른 한 명은 귀로 듣는[Listener] 방식이다. 글을 큰 소리로 읽어보면 부자연스러운 문장에서 말이 턱 막힌다. 글을 귀로 들을 때 어색한 문장이나 표현이 거슬리게 마련이다. 어떤 기술이나 방식을 설명하는 글을 쓰고 난 다음에는 큰 소리로 읽고 들어보자.

- Ping—Pong: 두 명이 번갈아 가면서 글을 쓰는 방식이다. 목차 단위로 나눠서 쓸 수도 있고, 한 명은 예제 코드를 쓰고 다른 한 명은 예제 코드를 설명하는 식으로 쓸 수도 있다. 한 사람이 글을 쓰다가 막힐 때 다른 사람이 쓰는 것도 좋은 방법이다.

회사가
개발자
글쓰기
교육을 하자

많은 기업이 직원에게 비즈니스 글쓰기를 가르친다. 신입사원부터 임원까지 외부 전문가에게 교육을 받는다. 그렇게 해야 제대로 된 보고서와 기획서가 만들어지고 회사의 비즈니스 역량이 강화된다.

개발자의 글쓰기도 마찬가지다. 개발자 혼자 공부해서는 실력이 나아지기가 쉽지 않다. 회사가 개발자에게 글쓰기를 체계적으로 교육해야 개발자의 글쓰기 수준이 높아진다. 그러면 버그와 비용이 줄어들고, 생산성과 고객 만족도가 높아진다. 회사의 교육 수준이 개발자의 개발 수준인 셈이다.

하지만 아직 개발자에게 어떻게 글쓰기를 교육해야 할지 알지 못한다. 참조할 선진국 사례도 드물뿐더러 그 교육 체계를 구하기도 쉽지 않다. 또 우리말이 아니니 따라 써도 한계가 있었다.

그래서 필자가 우리나라 기업이 개발 직원에게 글쓰기 교육을 할 수 있도록 다음 그림과 같이 교육 체계를 만들었다.

기본 과정은 주니어 개발자를 대상으로 개발자가 알아야 할 글쓰기 기본, 이름과 주석, 에러 메시지, 릴리스 문서와 장애 보고서, 개발 가이드 작성법을 알려준다. 주니어 개발자에게 필요한 개발자 글쓰기의 기본 지식과 방식을 익혀서 실전에서 다양한 글쓰기를 할 수 있도록 도와준다.

전문 과정은 A와 B 유형이 있다. A 유형은 SI 개발자를 대상으로 수주를 돕는 SI 제안서 작성법을 알려준다. SI 개발자가 제안서 기술 부문을 작성하는 여러 기술을 알려주고 고객 요구를 이해하여 수주에 도움이 되는 전략을 글로 표현할 수 있도록 도와준다. B 유형은 기술 블로그를 운영하려는 회사의 개발자를 대상으로 기술 블로그를 쓰는 데 필요한 방법과 기술을 알려준다. 기술 블로그를 쓰는 두려움을 해소하고 빠른 시간에 글을 쓰도록 도와준다.

마지막 관리자 과정은 개발팀장을 대상으로 개발 문서를 검토하는 법, 팀원의 글쓰기 역량을 강화하는 법, 문서 엔지니어링을 알려준다.

구체적인 교육 내용과 강의, 컨설팅이 필요하면 필자에게 메일로 요청하면
된다.

vitaminq42@gmail.com

【개발자의 글쓰기 교육 체계】

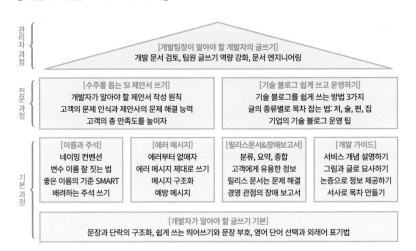

관리자 과정

[개발팀장이 알아야 할 개발자의 글쓰기]
개발 문서 검토, 팀원 글쓰기 역량 강화, 문서 엔지니어링

전문 과정

[수주를 돕는 SI 제안서 쓰기]
개발자가 알아야 할 제안서 작성 원칙
고객의 문제 인식과 제안사의 문제 해결 능력
고객의 총 만족도를 높이자

[기술 블로그 쉽게 쓰고 운영하기]
기술 블로그를 쉽게 쓰는 방법 3가지
글의 종류별로 목차 잡는 법: 저, 술, 편, 집
기업의 기술 블로그 운영 팁

기본 과정

[이름과 주석]
네이밍 컨벤션
변수 이름 잘 짓는 법
좋은 이름의 기준 SMART
배려하는 주석 쓰기

[에러 메시지]
에러부터 없애자
에러 메시지 제대로 쓰기
메시지 구조화
예방 메시지

[릴리스문서&장애보고서]
분류, 요약, 종합
고객에게 유용한 정보
릴리스 문서는 문제 해결
경영 관점의 장애 보고서

[개발 가이드]
서비스 개념 설명하기
그림과 글로 묘사하기
논증으로 정보 제공하기
서사로 목차 만들기

[개발자가 알아야 할 글쓰기 기본]
문장과 단락의 구조화, 쉽게 쓰는 띄어쓰기와 문장 부호, 영어 단어 선택과 외래어 표기법

【기본 과정(2일 16시간)】

대상	차수	시간	차수당 인원	교육방법
주니어 개발자	-	2일 16시간	~24명	강의, 실습, 진단, 토론, 평가

학습 목표
- 개발자에게 필요한 글쓰기의 기본 지식과 방식을 익힌다.
- 개발자가 실전에서 쓰는 다양한 글쓰기 종류별 작문 기술을 배운다.

기대 효과
- 개발자의 개발 생산성이 높아진다.
- 개발자와 이해관계자 간 소통이 원활해진다.

모듈	주요내용	교육방법	시간
개발자가 알아야 할 글쓰기 기본	■ 문장과 단락의 구조화, 쉽게 쓰는 띄어쓰기와 문장 부호 ■ 영어 단어 선택과 외래어 표기법	강의, 실습, 진단, 토론	4
개발 시간을 줄이는 이름 짓기와 주석 쓰기	■ 네이밍 컨벤션, 변수 이름 잘 짓는 법 ■ 좋은 이름의 기준 SMART, 배려하는 주석 쓰기	강의, 실습, 평가	2
사용자와 소통하는 에러 메시지 쓰기	■ 에러부터 없애자, 에러 메시지 제대로 쓰기 ■ 메시지 구조화, 예방 메시지	강의, 실습, 토론	2
독자 관점에서 릴리스 문서와 장애 보고서 쓰기	■ 분류, 요약, 종합, 고객에게 유용한 정보 ■ 릴리스 문서는 문제 해결, 경영 관점의 정보	강의, 실습, 평가	3
설명, 묘사, 논증, 서사로 개발 가이드 쓰기	■ 서비스 개념 설명하기, 그림과 글로 묘사하기 ■ 논증으로 정보 제공하기, 서사로 독자 만들기	강의, 실습, 평가	5

【전문 과정 A. 수주를 돕는 SI 제안서 작성(1일 8시간)】

대상	차수	시간	차수당 인원	교육방법
SI 개발자	—	1일 8시간	~24명	강의, 실습, 진단, 토론, 평가

학습 목표
- SI 개발자가 제안서 기술 부문을 작성할 때 필요한 직무 기술을 배운다.
- 고객 요구를 이해하고 수주에 도움이 되는 제안서 작성법을 배운다.

기대 효과
- SI 개발자의 제안서 작성 수준이 높아진다.
- SI 제안의 수주율이 높아진다.

모듈	주요내용	교육 방법	시간
개발자가 알아야 할 제안서 작성 원칙	■ 개발자와 제안 PM의 차이 ■ 시스템 구성도의 본질은 그림이 아니다 ■ 제안요청서 분석 방법과 논리의 완결성 확보 방법	강의, 실습, 진단, 토론	2
고객의 문제 인식과 제안서의 문제 해결 능력	■ 문제 인식과 문제 해결 능력 ■ 경쟁사와 비교하여 제안하라 ■ 일단 동감하고 다른 방안을 제시하라 ■ 고객의 문제를 중대하게 인식하게 만들어라 ■ 경쟁사의 전략을 확인해서 대처하라	강의, 실습, 평가	3
고객의 요구사항은 별도 수밖에 없다	■ 개발은 고객 요구 실현 ■ 요구사항을 분석하지 말고 제시하라 ■ 변화하는 요구사항에 대비하라	강의, 실습, 토론	2
고객의 총 만족도를 높이자	■ 요구라고 다 같은 요구가 아니다 ■ 카노 모델로 본 요구의 세 가지 종류	강의, 실습, 평가	1

【전문 과정 B. 기술 블로그 작성(1일 8시간)】

대상	차수	시간	차수당 인원	교육방법
개발자	–	1일 8시간	~24명	강의, 실습, 진단, 토론, 평가

학습 목표	■ 개발자가 기술 블로그를 쓰는 데 필요한 방법과 기술을 터득한다. ■ 개발자가 기술 블로그를 쉽고 빠르게 쓸 수 있는 노하우를 배운다.
기대 효과	■ 개발자가 기술 블로그를 쉽고 빠르게 쓸 수 있다. ■ 개발자가 개인이나 회사의 기술 블로그를 체계적으로 운영할 수 있다.

모듈	주요내용	교육 방법	시간
기술 블로그를 쉽게 쓰는 방법 37가지	■ 개발자가 기술 블로그를 잘 못 쓰는 이유 ■ 주제 의식을 버리고 소재 의식으로 쓰자 ■ 독자 수준이 아니라 자기 수준으로 쓰자 ■ 재미있게 글을 쓰자	강의, 실습, 진단	3
기술 블로그의 4종류, 저, 술, 포, 집	■ 저: 개발기는 독차를 잡아서 본문부터 쓰자 ■ 술: 연결을 비교하고 실험해 풀이해서 쓰자 ■ 포: 순서를 요약하여 쓰자 ■ 집: 글쓰기가 두렵다면 자료를 모아 학습을 엮어서 쓰자	강의, 실습, 진단, 토론	4
기술 블로그 운영 팁	■ 기술 블로그는 회사의 가치를 높인다 ■ 기술 블로그도 투자를 해야 살아난다 ■ 개발자의 글쓰기는 회사의 문화를 반영한다 ■ 협업해서 글쓰기, 짝 글쓰기를 해보자	강의	1

【관리자 과정(1회 4시간 3주 코스)】

대상	차수	시간	차수당 인원	교육방법
개발팀장 ~CTO	-	12시간 (1회4시간)	~12명	강의, 실습, 진단, 토론, 평가

학습 목표
- 개발팀장이 개발 팀원의 글쓰기 역량을 높이는 방법과 단계를 터득한다.
- 배운 방법을 실제로 현업에 돌아가 팀원과 실천하고 평가한다.

기대 효과
- 조직의 개발자 글쓰기 수준이 높아진다.
- 개발 문서의 관리가 편해지고 생산성이 높아진다.

모듈	주요내용	교육방법	시간
개발 문서 검토	■ 문서를 통해 쓴 비즈니스와 10가지 역량(문해력, 조사력, 문서력, 장악력, 기획력, 실행력, 표현력, 전달력, 검토력, 정치력) ■ 10가지 역량을 기준으로 개발 문서를 검토하는 법 ■ [과제] 팀원의 개발 글쓰기 역량 진단	강의, 실습, 진단, 토론, 과제	4
팀원 글쓰기 역량 강화	■ 진단 결과를 토대로 팀원 글쓰기 역량 강화 방안 설계 ■ 각 역량 별 베스트 프랙티스 도출 ■ [과제] 팀원 교육 및 평가	강의, 실습, 진단, 토론, 과제	4
문서 엔지니어링	■ 현재 개발자 문서 관리 및 엔지니어링 체계 분석 ■ 이상적인 문서 관리 및 엔지니어링 수립 및 단계별 설계 ■ 1단계 실천을 위한 사내 보고서 작성	강의, 실습, 토론	4